KB037574

STREET TOKYO

도쿄 산책 노트   도쿄다반사

STREET TOKYO
도쿄 산책 노트

글쓴이	도쿄다반사
발행인	이상영
편집장	서상민
디자인	서상민,장소희
마케팅	이인주
교정·교열	송은주
인쇄	피앤엠123
펴낸곳	디자인이음
	2009년 2월 4일:제300-2009-10호
	서울시 종로구 효자동 62
	02-723-2556
	designeum@naver.com
	instagram.com/design_eum

발행일	2023년 11월 13일 1판 1쇄 발행
값	20,000원
ISBN	979-11-92066-29-5 03910

외국어를 표기할 때 국립국어원의 외래어 표기법 규정을 따랐습니다.
다만 내용상 구분이 필요한 일부 고유명사와 단어의 경우 예외를 두어
원어의 발음에 가깝게 표기하였습니다.

STREET TOKYO

도쿄 산책 노트 　　　　　　　　도쿄다반사

eum

INDEX

HMV record shop

Shibuya

도쿄에서 음반을 사기 위해 언제부터 시부야渋谷를 찾았는지 생각해 봤습니다. 음악을 듣고 의식적으로 구매를 하기 시작했을 때가 고등학생 시절인 1990년대 후반이었으니, 적어도 도쿄에 막 방문하기 시작했던 밀레니엄 전후가 '시부야의 음반 매장'을 찾은 시기였을 것 같아요. 그 당시에는 도쿄가 낯설다 보니 유명한 대형 음반 매장만 다녔던 기억이 어렴풋이 남아 있습니다. 이를테면, 시부야의 타워레코드나 신주쿠新宿의 버진 메가스토어, 그리고 이케부쿠로池袋의 WAVE 같은 곳이에요. 그 때는 즐겨 들었던 일본의 재즈/퓨전 계열의 음반들을 CD로 구입했습니다. 지금 세계적으로 사랑을 받는 1970-80년대의 일본의 시티팝과 많은 공통점이 있는 음악들이에요. 어찌 보면 굉장히 편협한 음악 취향을 지녔던 시절의 음반 쇼핑이었습니다.

도쿄에서 시부야라는 지역은 상징적인 이미지를 여러 개 갖고 있다고 생각합니다. 1950년대 후반에 개발된 도쿄의 대표적인 부도심 중 한 곳이기도 하고요, 1964년 도쿄올림픽을 계기로 당시 방송 센터와 선수촌으로 사용된 장소들이 각각 NHK와 요요기공원으로 등장하면서 이른바 미디어 관계자들을 위한 지역으로도 기

능하게 됩니다. 1970년대에 들어서는 PARCO를 중심으로 독자적인 문화 예술이 꽃피우기 시작했고, 1980년대에 이르러서는 카와쿠보 레이, 이세이 미야케, 키쿠치 타케오, 야마모토 요지 등 훗날 'DC브랜드'로 대표되는 디자이너들의 산실과 같은 역할을 하기도 합니다.

그리고 1990년대부터 시부야는 세계적인 레코드 문화의 거리로 부각됩니다. 신주쿠교엔新宿御苑을 시작으로 오모테산도表参道와 캣스트리트キャットストリート를 거쳐서 흐르는 시부야가와渋谷川라는 하천이 있었습니다. 이 시부야가와의 지류 중 하나로 지금의 시부야역 근처에서 세이부 백화점 쪽으로 빠지는 우다가와宇多川라는 작은 실개천이 있었습니다. 예전에는 농업용수를 공급하기 위한 수차가 있던 조용한 동네를 매립한 곳이 바로 지금의 '레코드의 성지'인 시부야의 우다가와쵸宇田川町입니다. 1990년대에 이곳에 속속 크고 작은 레코드 가게들이 들어서면서 세계에서 가장 많은 음악 정보량이 집중되기 시작합니다.

도쿄에서 생활을 하기 시작했던 2006년도는 아직 1990년대의 도쿄 문화의 잔향이 짙게 남아 있던 시절이었어요. 주말이면 우다가와쵸를 중심으로 시부야 지역의 레코드 매장을 눈에

띄는 대로 찾아갔습니다. 각 레코드 매장은 저마다의 색채가 있어서 추천하는 음악들을 청음기를 통해 듣는 것만으로도 많은 자극이 되었어요. 거의 모든 장르의 음악 스타일을 우다가와쵸의 레코드 가게를 다니면서 경험했습니다. 그런 과정을 통해 저의 편협했던 음악 취향은 점차 사라져 갔어요. 제 기준으로 좋아하는 음악과 그렇지 않은 음악만으로 정리되었습니다. 어떤 의미에서는 제 고집불통인 성격을 고쳐 준 고마운 동네가 시부야 우다가와쵸 입니다.

2010년대 들어서면서 도쿄는 '음반 마켓'에 대한 고민의 시기로 접어들었고, 이 과정 속에서 규모에 관계없이 많은 음반 매장들이 문을 닫게 되었습니다. 매주 찾아갔던 레코드 매장 산책의 주인공들이 하나둘 자취를 감추게 된 시기도 이 때였습니다. 사람들은 이제 더 이상 레코드나 CD를 사지 않고 디지털 음원만 듣지 않을까 하는 이야기도 종종 들렸어요. 그런 와중에 2014년에 우다가와쵸에 새로운 레코드 매장이 오픈한다는 믿기 힘든 소식이 들렸습니다. 그 매장의 이름은 〈HMV record shop Shibuya〉였어요. 1990년대 시부야케이渋谷系를 이끌면서 영원히 시부야에 존재할 것만 같았던 HMV 시부야 매장이 2010년에 문을 닫고 그 자리에

FOREVER21이 생긴 지 4년 만의 일입니다.

2014년 8월 2일 토요일. HMV record shop 앞에 이른 아침부터 레코드 팬들이 줄을 서고 있었습니다. 우다가와쵸 거리에서 오랜만에 보는 풍경에 당시 SNS에는 이를 전하는 소식들로 가득했던 기억이 있습니다. 특히 오오누키 타에코의 'SUNSHOWER', 마미야 타카코의 'LOVE TRIP' 같은 당시 구입하게 어려운 과거 명반들을 레코드로 재발매한 'HMV EXCLUSIVE'가 큰 화제가 되었습니다. 이 날의 풍경을 접하면서 정확하게 표현하기는 어렵지만 뭔가 '레코드 문화'에 대한 새로운 시대가 찾아온 것이 아닐까 하는 기분이 들었던 것만은 선명하게 기억하고 있어요.

2023년 1월. HMV record shop의 오픈일로부터 약 10여 년의 세월이 흘렀습니다. 그 사이에 일본의 과거 팝 음악은 세계 각지의 음악 팬들에게 사랑을 받게 되었고, 그에 따라 수많은 레코드들이 도쿄에서 세계 각 도시로 여행을 떠나게 되었습니다. 레코드 가게는 음악 마니아들을 위한 공간에서 남녀노소 모두가 편하게 방문해서 생활 속에서 함께하고 싶은 음악을 만나는 장소로 변모했습니다. 문득 지금의 HMV record shop은 어떤 모습으로 사람들과 만나고

있을지가 궁금해졌습니다. 그래서 매장을 찾은 김에 인사도 할 겸 이곳에 근무하고 있는 니시무라 씨와 잠시 매장 이곳저곳을 다니면서 이야기를 나눴습니다.

　　HMV record shop은 앞서 이야기한 세이부 백화점에서 우다가와쵸 거리를 따라가다 보면 거리의 풍경 속에서 눈에 띄는 음반 매장이에요. 이 주변에 수많은 레코드 가게가 있지만 패션 브랜드의 매장이나 카페처럼 커다란 유리창을 통해 내부가 훤히 보이는 레코드 매장은 여기가 유일하다는 생각이 듭니다. 그런 이유도 있어서인지 교복을 입은 학생들이나 혼자 레코드를 고르는 여성 손님들을 많이 발견할 수 있어요. 이들은 제가 오래전 시부야의 레코드 매장에서 음반을 고를 때 스쳐 지나가는 사람들 속에서 가장 만나기 어려운 스타일의 주인공들입니다. 솔직히 지금도 레코드 매장을 다니면서 가장 '신선한 바람'이 불고 있다고 느껴지는 순간이기도 해요.

　　"보시다시피 시부야 거리를 거닐면서 흔히 볼 수 있는 다양한 업태의 매장 인테리어 구조와 닮아 있어요. 1층이 통유리로 되어 있어서 매장 안의 모습이 한눈에 보이는 풍경이죠. 여기에 HMV라는 브랜드의 지명도가 있기 때문에 많은

분들이 시부야에서 쇼핑을 하고, 편하게 찾아 주는 것 같아요."라고 니시무라 씨는 이야기합니다.

비틀즈부터 오아시스까지 우리에게 익숙한 영미권 팝 음악부터 시티팝 계열의 신보와 중고 레코드들을 포함해 CD와 카세트테이프까지 진열된 1층 공간은 마치 처음 도쿄를 찾았을 때 방문했던 음반 매장의 입구를 들어섰을 때 느껴지는 분위기와 많이 닮았습니다. 이곳이 단순히 레코드 마니아들만을 위한 공간이 아닌 시부야를 거니는 사람들이 편하게 드나들 수 있는 공간이라는 느낌이 전해집니다. 한편, 계단을 따라 2층으로 올라가면 재즈, 소울, 훵크Funk부터 브라질과 아프리카 음악까지 레코드 컬렉터가 좋아할 만한 구성을 만날 수 있습니다. 이러한 밸런스가 갖춰진 점이 바로 우다가와쵸에서 HMV record shop이 가진 가장 큰 매력이 아닐까 생각합니다.

"시부야에는 각자의 매력이 있는 레코드 가게들이 있지만, 그중에서도 지금 이 순간의 시부야의 분위기를 한눈에 파악할 수 있는 것이 저희의 매력 중 하나라고 생각합니다. 레코드에 관심이 있으신 분들이 시부야를 찾으셨을 때 어디를 가야 할지 망설여진다면 꼭 저희 매장을

찾아 주셨으면 하는 바람이 있어요. 쇼핑하시다가 잠시 들러 주셔도 언제나 환영합니다."

다음 일정 때문에 니시무라 씨와 인사를 나누면서 들었던 이 이야기가 시부야 거리를 걸으면서 계속 머릿속을 맴돌았습니다. 도쿄에서 처음 생활하면서 만났던 '레코드 문화'와는 다른 결을 지닌 새로운 파도와 같은 레코드 문화가 찾아온 것이 아닐까 하는 생각이었어요. 어쩌면 조금 더 생활 속에 가까운 요소로 다가온 기분도 듭니다. 앞으로 HMV record shop이 제안하는 '레코드가 있는 생활'은 어떤 것일지도 문득 궁금해졌어요. 다음에 니시무라 씨를 만날 때는 이 이야기를 해 보자는 마음도 가져 봅니다.

메구로의 돈카츠 극장,

돈키

도쿄도정원미술관東京都庭園美術館에서 전시를 보고 산책을 할 때까지만 해도 흐리기만 하던 하늘이었는데 어느새 굵고 차가운 빗방울이 떨어지기 시작했습니다. '도쿄의 11월이 이렇게 비가 많이 내리는 시기였나?' 메구로역 근처에 있는 복합 상업 시설 아토레ｱﾄﾚ 2층에 놓여진 의자에 앉아 하염없이 내리는 비를 멍하니 바라보며 생각했습니다. 오랜만에 메구로를 찾은 이유는 재즈 라이브를 보려고 찾았던 BLUES ALLEY JAPAN이 아니라 이른 저녁 메뉴로 정한 돈카츠. 가게 오픈 시간이 오후 4시니까 한두 시간 정도 그 근처를 걷다가 가게로 향하려고 했습니다. 이 돈카츠 가게는 문을 열자마자 들어가는 것이 대기 시간을 절약할 수 있는 방법이기 때문에 근처를 거닐다가 방문하려고 했기 때문이에요. 원래부터 추위, 비, 그리고 무언가를 먹기 위해 기다리는 것을 싫어하는 저에게 이 세 가지가 동시에 찾아온 순간, 처음 정한 계획은 이미 보기 좋게 빗나가 버렸고 어느새 '굳이 이렇게까지 해서 돈카츠를 먹을 필요가 있을까?' 하는 생각마저 들었죠. 도쿄 돈카츠의 성지 중 하나인 '돈키とんき'와의 첫 만남은 그리 순탄치만은 않았습니다.

도쿄의 대표적인 음식 중 하나로 의심없이 돈카츠를 들 수 있습니다. 이른바 'MADE IN TOKYO' 스타일의 대표적인 양식 메뉴라고 할까요. 그런 의미에서 다양한 스타일의 원조 돈카츠 가게가 도쿄 각지에 존재하고 있어요. 예를 들면 돈카츠라는 이름이 생기기 전에 '포크카츠레츠'라는 이름으로 지금의 돈카츠의 원형을 만들었다는 오카치마치御徒町의 폰타혼케ぽん多本家(1905년 창업), 돈카츠에 처음으로 채를 썬 양배추를 곁들였다는 긴자銀座의 렌가테이煉瓦亭(1895년 창업), 히레카츠의 발상지로 알려진 우에노上野의 호우라이야蓬莱屋(1912년 창업) 같은 곳들이 대표적입니다.

19세기 후반에서 20세기 초반에 걸쳐 문을 연 이 가게들은 당시 왕실 업무를 담당하는 궁내청 소속 요리사나 교편을 잡고 있던 외국인 교수들을 전담하는 요리사들이 자신들이 만들어 온 서양 음식을 일반 시민들도 즐길 수 있도록 하기 위해 가게를 오픈했다고 합니다. 지금 우리에게 친숙한 음식인 돈카츠는 그런 과정을 거쳐서 시민권을 얻게 되었습니다.

"혹시 메구로 돈키 가 봤어요? 돈카츠를 좋아한다면 꼭 가 봐요". 도쿄에서 만난 지인들이 하나같이 추천해 준 가게라서 소문으로는 오래

전부터 들었던 주인공인 돈키는 1939년에 메구로에서 문을 열었습니다. 처음에는 이른바 좌석이 없이 서서 먹는 소바집인 타치구이소바立ち食いそば 가게와 비슷한 분위기였다고 해요. 그리고 긴자와 우에노 같은 당시의 중심지에서 떨어진 메구로에 가게가 생긴 것을 보면 1930년대에 들어서는 시점에서는 이미 서민들이 즐겨 먹는 음식으로 돈카츠가 자리하게 된 것이 아닐까 하는 상상도 해 봅니다. 아무튼 지금의 메구로역 니시구치西口 근처로 가게 자리로 오게 된 것은 1967년이라고 해요. 이후, 이곳 출신의 직원들이 일본 각지에 '돈키'를 내기 시작했고 지금은 돈카츠 팬들에게 성지로 자리매김을 했다고 합니다.

흐린 날씨에 여전히 내리는 비 때문인지 더욱 빨리 찾아온 메구로의 밤 풍경을 맞이하면서, 오픈 전 셔터가 내려져 있는 가게 입구 앞에서 기다리기를 10분 정도였을까요. 이윽고 셔터가 올라가는 소리가 들리고 유명한 돈키의 위풍당당한 포렴(점포의 처마끝이나 출입구에 간판처럼 늘인 천장식)을 마주하게 되었습니다. 마치 오래된 건물의 현판 글씨처럼 포렴에 쓰여진 글씨에도 품격이라는 것이 있구나 하는 생각을 하면서 가게 안으로 들어갑니다. 가게 안에서 자리

를 잡고 바로 '로스카츠 정식'을 주문합니다. 많은 단골들이 즐겨 주문한다는 이곳의 대표 메뉴입니다. 주문을 마치고 가게 안을 둘러보니 이미 사람들로 가득 차 있었고 밖에는 기다리는 사람들의 모습이 보이기 시작했습니다. 바로 시간을 확인해 봅니다. 4시 5분.

　　가만히 눈 앞에 펼쳐진 주방의 모습을 바라봅니다. 주문받는 동시에 돈카츠가 튀겨지기 시작하고 직원들은 각자의 위치에서 일사불란하게 움직이기 시작합니다. 돈키의 특징 중의 하나가 돈카츠가 만들어지는 모든 과정에 담당하는 전문 스태프들이 있다고 합니다. 돈카츠를 튀기는 사람, 튀겨낸 돈카츠를 칼로 썰고 있는 사람, 소스를 담는 사람, 밥과 츠케모노를 담는 사람, 국을 나르는 사람 등, 마치 하나의 연극 무대에서 각자의 역할을 담당하는 배우들을 바라보는 듯한 기분이 들 정도예요. 도쿄에는 수많은 돈카츠 명소가 있지만 이런 풍경을 보여 주는 곳은 돈키가 처음이었습니다. '돈카츠 극장'이 있다면 바로 이곳이 아닐까 하는 생각도 해 봤습니다. 창업주의 손자인 지금의 3대 오너가 한 매체 인터뷰에서 이야기한 '손님들에게 인기가 있는 곳은 1층 공간'이라는 말에 고개가 끄덕여지는 순간입니다.

좋은 돈카츠 가게란 어떤 것일까요? 음식에 대한 전문 지식이 있는 편은 아니지만 적어도 도쿄의 돈카츠 가게를 다니면서 느낀 것 중의 하나는 '음식이 입고 있는 옷'의 품격이 다른 가게들과 비교할 수 없을 정도로 뛰어난 곳들이 세간에서 이야기하는 명소라는 생각을 해 봤습니다. 마치 오므라이스에 올려진 오믈렛처럼 돈카츠는 튀김 옷이 그런 예라고 할 수 있습니다. 돈키도 마찬가지였어요. 그리고 또 다른 하나는 돈카츠를 튀기는 기름의 향기였습니다. 기름의 향기가 맛있는 곳도 있다는 사실을 알려 준 가게가 돈키입니다.

식사를 마치고 가게를 다시 한번 둘러봅니다. 아이들과 함께 온 가족, 나이 지긋한 노부부, 첫 데이트 같은 분위기의 젊은 커플, 한눈에 봐도 돈카츠 마니아 같은 젊은이, 그리고 MADE IN TOKYO를 맛보기 위해 방문한 외국 관광객. 그리고 다양한 계층의 관객들 앞에서 돈카츠라는 작품을 만들어 내는 스태프들. 얼핏 보기에 꽤 북적거리는 분위기 같지만, 가게를 들어올 때 들쳤던 포렴의 분위기처럼 어딘지 모르게 편안하고 품격이 있는 공기가 흐르고 있었습니다. 오랜 시간 동안 동네 주민들에게 사랑을 받고 있는 가게들은 이런 편안함을 지니고 있다는 생각

을 해 봅니다. 지금의 도쿄에서 점차 사라져 가고 있는 풍경이에요. 이 풍경을 즐기기 위해서라면 추위와 비와 줄을 서는 기다림은 감내할 수 있을 것 같습니다. 앞으로도 종종 메구로의 돈카츠 극장을 찾을 것 같아요.

다이칸야마를 가는 이유,
스에젠

어느 날 문득 이런 생각을 한 적이 있습니다. 한 사람의 취향이 거리에 투영되는 기준은 '그곳을 거닐 때 스쳐 지나가는 풍경과 눈에 들어오는 풍경'의 내용이 아닐까 하고요. 그리고 그 지역이 다이칸야마代官山라고 한다면 T-SITE 주변의 츠타야서점蔦屋書店과 고급 레스토랑, A.P.C.나 메종키츠네 그리고 봉주르레코드와 같은 매장, 그리고 최근 주목받고 있는 우라다이칸야마裏代官山 (에비스와 시부야 사이의 골목길)에 있는 작은 갤러리나 가게들이 일반적으로 다이칸야마를 찾는 사람들의 눈에 들어오는 풍경일 것 같습니다. 이런 목적지들을 향하면서 스쳐 지나가는 '풍경' 중 하나로 정식집 스에젠未ぜん을 들 수 있을 것 같습니다. 그도 그럴 것이 스에젠 바로 맞은편이 봉주르레코드 매장이고, 가게가 있는 길에서 조금만 더 가면 A.P.C.나 메종키츠네 매장이 있습니다. 다이칸야마의 한가운데, 지금도 이 지역의 상징으로 자리하고 있는 야자수 조형물이 있는 사거리 근처에 자리한 스에젠은 어쩌면 많은 사람들이 다이칸야마를 찾으면서 알게 모르게 지나갔을 곳입니다.

그런 스에젠이 저에게는 다이칸야마를 찾는 유일한 이유입니다. 스에젠에서 점심이나 저녁을 먹은 김에 츠타야도 한번 들어가 보고, 봉

쥬르레코드도 기웃거려 보고, 폴스미스나 키츠네 매장도 슬쩍 구경하기도 합니다. 하지만 메인은 바로 스에젠이에요. 일정상 JR야마노테센이 지나는 시부야 역과 에비스 역의 주변 혼잡을 피해 어딘가에서 식사를 해야 할 때 망설임 없이 떠오르는 정식집입니다. 이곳에 가면 트렌드로 치장한 가게와 사람들로 가득한 공간으로부터 탈출해서 조금은 마음 편히 자리를 잡고 시간을 보낼 수 있을 것 같은 기분이 들기 때문이에요. 적어도 식사를 하는 시간만큼은 그런 안락함을 선택하고 싶습니다. 보통은 시부야 역에서 다이칸야마로 가는 경우가 많아서 역 앞에서 출발하는 빨간색 마을 버스를 타고 창 밖으로 보이는 풍경을 보면서 늦은 오후의 다이칸야마 골목을 즐깁니다. 뜨거운 햇볕이 남아 있는 시간대인 여름철에는 아사노 유코浅野ゆう子의 'Summer Champion'을 듣곤 합니다. 도심의 여름 오후 분위기에 어울리는 세르지오 멘데스Sergio Mendes의 원곡을 커버한 이유도 있지만, 아사노 유코가 스에젠의 유명한 단골 중 한 명이기도 해서 이 곡을 들으며 스에젠으로 향합니다.

'도쿄 정식의 제왕', '다이칸야마의 보물' 등 수식어도 많은 스에젠의 창업주는 원래 하코네의 역사 깊은 리조트 호텔인 코와키엔小涌園의

조리장을 맡은 경력이 있습니다. 이후 독립해서 긴자에 가게를 차렸지만, 육아 등의 이유로 인해 긴자 시대를 정리하고 자신이 살고 있던 집 1층에 새롭게 가게를 시작한 것이 지금 운영하고 있는 가게입니다. 창업주의 이름에 스에末라는 한자가 들어가 있어서 가게 이름을 '스에젠末ぜん'으로 정한 것이 1968년입니다. 반세기가 넘게 동네의 정식집으로 운영을 하고 있는 곳답게 오래전부터 찾고 있는 단골이 많습니다. 그중에는 앞서 언급한 아사노 유코를 비롯해 배우 아츠미 키요시渥美清, 프로레슬러 안토니오 이노키アントニオ猪木, 사진작가 아라키 노부요시荒木経惟와 같은 각계 저명인사들도 있어요.

　　어둠이 내리기 시작한 다이칸야마의 골목에서 '다이칸야마 스에젠'이라고 커다랗게 적힌 입구의 포렴을 젖히고 들어가면 마치 오래전 도쿄의 가정집을 방문한 듯한 '풍경'이 눈에 들어옵니다. 주방에는 창업주의 아들과 손자가 열심히 음식을 만들고 있고, 가게 안에 놓인 티비에서는 뉴스가 나오고 있으며, 옹기종기 모여 있는 손님들은 술과 함께 저녁을 즐기고 있습니다. 무엇보다도 아이들과 함께 온 가족들이 도란도란 식사를 하는 모습도 자주 목격할 수 있어요. 오래전부터 전해져 내려오는 도쿄의 동네 식당 풍

경, 바로 그것이 고스란히 남아 있습니다.

가게 입구와 내부에는 칠판과 화이트보드에 그 날의 정식 메뉴가 적혀 있습니다. '고등어된장 조림', '참치회', '굴튀김', '닭고기 소보로 덮밥', '햄버그스테이크' 등 대략 8-9가지의 메뉴가 마련되어 있어요. 에어컨 아래에 있는 나무로 된 메뉴판에는 메뉴와 가격을 적은 하얀 종이들이 여기저기 덧붙여져 있습니다. '깔끔함과 세련됨'이 가득한 다이칸야마 중심가에서 셀로판테이프와 압정으로 무심한 듯 고정시킨 메뉴들을 보면서 왠지 모르게 편안한 마음이 들기도 합니다. '역시 이 동네에서 내가 머물기 좋은 곳은 여기구나'라는 생각과 함께요.

스에젠은 평일 기준 점심 시간 3시간, 저녁 시간 2시간 반만 영업하는 곳으로 재료가 소진된 메뉴는 칠판과 화이트보드에서 사라지게 됩니다. 그래서 대부분은 점심과 저녁 영업이 시작하는 시간에 맞춰서 찾고 있어요. 도쿄 일정 때마다 한 번씩은 들르다 보니 대부분의 메뉴를 먹어 봤는데 어느 하나도 빼놓을 수 없는 맛을 보여 줍니다. 심지어 테이블마다 놓여 있는 후리카케도 맛있어서 추가로 밥만 주문해서 후리카케만 뿌려서 먹기도 합니다.

가게라는 공간은 운영하는 사람들과 이용하는 사람들의 구성을 통해 특유의 분위기를 자아낸다고 생각합니다. 세련된 가게들이 가득한, 공기가 빠르게 흐르는 것 같은 다이칸야마에서 스에젠은 공기의 속도와는 무관하게 그 자리에 있습니다. 그래서 지금의 다이칸야마에서 소중한 존재라고 생각합니다. 어렸을 적 할머니 집에 놀러 간 것 같은 온화하고 따스한 풍경이 가게 전체를 감돌고 있습니다. 그래서 다야칸야마에 가는 목적은 딱 하나, 스에젠에서 식사하기 위함입니다. 저에게 스에젠 외의 곳들은 그저 스쳐 지나가는 풍경이 되어 버렸습니다.

영화관,
'와세다쇼우치쿠'

나카이中井에서 도쿄 생활을 시작했습니다. 지하철 세이부신주쿠센西武新宿線과 오오에도센大江戶線이 교차하는 작은 동네예요. 가장 가까운 번화가는 타카다노바바高田馬場나 신주쿠新宿입니다. 인파가 많은 번화가를 그다지 좋아하지 않기 때문에 특별한 용무가 있지 않으면 주로 타카다노바바에서 와세다早稻田로 이어지는 소음이 적은 길로 산책하곤 했습니다. 그리고 그 때 거리 한편에 있는 작은 단관 영화관과 만나게 되었습니다.

고백하자면 영화를 즐겨 보는 편은 아닙니다. 이유는 잘 모르겠습니다. 다큐멘터리를 좋아하는 걸 보면 현실과 동떨어진 픽션을 그다지 선호하지 않은 것인지 모르겠고요. 멀티플렉스라는 시스템이 도입된 이후에 극장에 대한 흥미 자체가 떨어져서인지도 모르겠습니다. 어쩌면 사람 많은 곳과 암전 이후의 공간 자체를 싫어한다는 성격의 문제일 수도 있다는 생각도 해봤어요. 영화관에 간다는 행위를 배제한다면 요즘 가장 관심 있게 체크하는 영화는 음악 다큐멘터리 아니면 고전 영화입니다. 제가 모르는 시절의 모습을 영상으로 보는 것만으로도 충분한 재미가 있습니다.

그런 의미에서 도쿄에서는 미니시어터ミニ
シアターー나 메이가자名画座라는 공간의 극장을 즐
겨 찾습니다. 미니시어터는 대형 배급사의 영향
에서 벗어나 개봉관을 확보하기 어려운 다양한
소규모 영화사의 영화를 상영해 주는 곳이고요,
메이가자는 토에이東映, 토호東宝, 쇼우치쿠松竹
등 유명 영화사의 구작들을 상영해 주는 곳입니
다. 둘 다 단관 극장으로 상영관이 작고, 그리 떠
들썩하지 않은 차분한 공간입니다.

　　타카다노바바 거리를 거닐다가 만난 작은
영화관은 도쿄에서도 유서 깊은 메이가자로 유
명한 와세다쇼우치쿠早稲田松竹였습니다. 1951년
에 영화사 쇼우치쿠의 영화 개봉관으로 문을 연
곳입니다. 개관 이후 쇼우치쿠 영화의 황금기였
던 1960년대를 함께한 공간으로 와세다를 비
롯해 근처 대학생들을 중심으로 오랜 세월 동안
사랑받고 있는 영화관입니다. 단관 극장이지만
동시 상영을 하기 때문에 한 편의 영화 티켓 비
용으로 두 편 이상의 작품을 이어서 볼 수 있는
상영 시스템으로 운영됩니다. 매거진하우스의
〈안도프리미엄&Premium〉, 〈뽀빠이POPEYE〉, 〈브루
터스BRUTUS〉에도 소개, 노출된 스팟이기도 해요.

　　오랜만에 도쿄 일정에 맞춰서 와세다쇼우
치쿠의 상영작이 뭐가 있는지 살펴보다가 오즈

arenina
ー ニ ナ

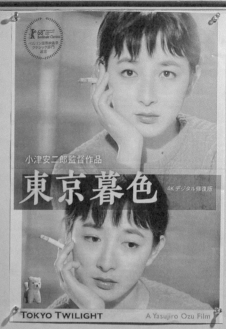

68° Berlinale Classics

ベルリン国際映画祭
クラシック部門
選出

小津安二郎監督作品

東京暮色

4K デジタル修復版

TOKYO TWILIGHT　　　A Yasujiro Ozu Film

アンナ・カレーニナ

起編もしも太郎の絵が描き出会った女は、死んだと聞かされていた実の母だった。

東京暮色

TIME TABLE ☆4日間上映　　　【特別レイトショー】

야스지로小津安二郎의 1957년작 '동경의 황혼東京暮色'이 눈에 들어왔습니다. 쇼우치쿠 황금기의 대표작 중 하나로 2018년 제68회 베를린영화제 클래식 부문으로 상영된 4K 리마스터판이었어요. 당시 베를린영화제 경쟁 부문 심사 위원으로 참여했던 사카모토 류이치坂本龍一 가 '동경의 황혼' 리마스터판 상영회의 프레젠테이터로 참여했고, 주연 배우인 아리마 이네코有馬稲子의 고혹적인 모습이 담긴 포스터 앞에서 찍은 사진이 기억났습니다.

영화에는 무지하지만 오즈 야스지로에 대해서는 기억하는 몇 가지가 있습니다. 1950-60년대 일본 영화의 황금기를 이끌었고, 사카모토 류이치가 가장 경애하는 영화계의 주인공이며, 한 사람의 삶 속에서 인간 군상의 모습을 세밀하고 담담하게 그려낸 감독이라는 것이에요.

그의 만년에 해당하는 1950-60년대 작품들은 당시 도쿄의 모습을 상상하며 즐길 수 있어서, 최근 도쿄에 대한 이야기를 하기 시작하면서 다시금 찾아 보고 있습니다. 아마 '가을햇살(秋日和,1960)'이나 '꽁치의 맛(秋刀魚の味,1962)'에서 나오는 대사나 세트, 그리고 실제 소품으로 등장한 돈카츠로 유명한 우에노의 히레카츠 명가 '호우라이야蓬莱屋' 같은 가게가 대표적인

케이스라고 할 수 있을 것 같아요. 1912년에 창업한 히레카츠 발상지로 유명한 곳만큼 히레카츠 하나로 승부를 보는 곳입니다. 오즈 야스지로의 단골집으로도 유명해서 그의 영화 제목을 딴 '동경 이야기 정식東京物語御膳'이라는 메뉴도 있어요.

　　맑은 하늘이지만 유난히 차가운 겨울 바람이 불었던 날. 오랜만에 찾은 와세다쇼우치쿠의 건물 앞에는 연배가 지긋한 어르신부터 젊은 학생들까지 삼삼오오 모여 있습니다. 티켓 부스의 직원이 내미는 종이에 그려진 좌석표를 보면서 원하는 좌석을 이야기하면 빨간색 사인펜으로 빗금을 그어서 표시하는 모습을 보면서 '아, 여기는 현금으로만 계산하는 곳이었지'라는 생각이 떠오릅니다. 손글씨로 적혀진 좌석 번호가 담긴 종이 티켓을 받고 영화관 안을 둘러봅니다. 티켓 부스, 음료를 살 수 있는 자판기, 화장실과 상영관이 전부인 공간. 생각해 보니 오래전 영화관은 대부분 이런 분위기였습니다. 적어도 서울의 동네마다 두 편 정도의 영화를 상영하던 단관 영화관이 있었던 제 어린 시절의 풍경에서는요. 상영작이 바뀔 때면 극장 간판을 그리는 아저씨가 그린 영화 속 풍경을 구경하던 추억이 있던 시절의 이야기입니다.

100석 정도 규모의 상영관에는 누구의 연주인지는 모르겠지만 이 영화관이 화려하게 빛나던 시절에 연주자로 활동했던 것으로 보이는 모던재즈 스타일의 색소폰 연주가 잔잔히 흐르고 있습니다. 광고라고 해도 현재 상영 스케줄과 향후 스케줄 정도만 보여 주는 상업 광고는 전혀 없는 구성입니다. '동경의 황혼'과 함께 상영하는 영화는 비비안 리 주연의 '안나 카레리나', 장 뤽 고다르의 '비브르 사 비Vivre Sa Vie', 그리고 나오키상直木賞 수상의 원작 소설을 영화화한 오오이즈미 요大泉洋 주연의 '달의 영휴月の満ち欠け'였어요.

'아침부터 밤까지 여기에서 영화만 보면서 시간을 보낼 수 있겠네' 하는 생각이 드는 순간, '지잉-'하는 커다란 부저 소리와 함께 극장 안은 암전이 되고 후지산과 함께 등장하는 옛 쇼우치쿠의 심볼 로고가 화면 가득 띄어집니다.

140분에 다다르는 작품 속에서 가장 인상에 남았던 순간은 영화 후반부, 아리마 이네코가 연기하는 주인공 아키코가 선술집에서 홀로 술잔을 기울이면서 주인 아저씨와 함께 있는 장면에서 어디선가 계속 반복되던 노래였습니다.

'아, 아사도야윤타安里屋ユンタ다. 이 곡이 여기서 나오는구나.'

아사도야윤타는 오키나와沖繩의 대표적인 민요입니다. '윤타'는 노동요 중 하나의 의미라고 해요. 농사를 짓거나 바다에서 고기를 잡으면서 노동의 고통을 잊기 위해 합창하는 노래입니다. 이 노래를 처음 알게 된 것은 20대로 막 접어들었던 시절. 사카모토 류이치의 앨범 'BEAUTY'에 수록된 버전을 들으면서예요. 사카모토가 오키나와 민요와 아프리카 민속 음악 등에 심취했던 1980년대 후반부터 1990년대 초반의 발표작 중 하나입니다.

영화 속에서 어딘지 모르게 시종일관 외로워 보이는 아키코, 가족과 사랑하는 사람에게 모두 버림받은 아키코가 홀로 술잔을 기울이는 풍경에 이 노래가 흐르던 것이었습니다. 이후 가게를 뛰쳐나간 그는 열차 선로에 몸을 던지게 됩니다.

아사도라윤타의 노랫말이 지역 방언에 심지어 고어라서 나중에 해석을 찾아봤는데요. 그중 한 구절이 눈에 들어왔습니다.

"마타 하리누 친다라 카누샤마요
マタ・ハーリヌ・チンダラ・カヌシャマヨ"

민요에서 후렴부에 합창을 하는 이른바 '받는소리'에서 나오는 이 가사는 "다시 만나요, 아름다운 사람이여"라는 오키나와 방언으로 해석

하는 것이 일반적이라고 합니다. 그 밖의 해석 중 하나는 인도네시아어에서 온 '태양은 우리들을 평등하게 사랑한다'는 의미라고 합니다.

극장 밖을 나와서 'BEAUTY' 앨범에 수록된 '아사도라윤타'를 틀어 봅니다. 이대로 타카다노바바역으로 가서 야마노테센을 타고 우에노까지 가서 '호우라이야'에 들러 볼까 하는 생각이 들었습니다. 가게에 도착할 즈음이면 저무는 태양이 넓은 품을 내어 주는 것과 같은 아름다운 저녁 노을이 맞이해 주지 않을까 하는 기분이 들었거든요. 히레카츠를 안주 삼아 홀로 술잔을 기울이고 싶다는 생각을 하지만, 술을 전혀 마시지 못하기 때문에 이내 아쉬운 마음이 듭니다. 대신 오늘 저녁은 '동경 이야기 정식'으로 해 볼까 하는 생각을 하면서 역으로 걸으며 나즈막히 흥얼거려 봅니다.

"다시 만나요, 아름다운 사람이여"

칸다야부소바와
칸다마츠야

"요즘 자주 다니는 도쿄의 산책길은 어디인가요?"라는 질문을 종종 받고 있습니다. 물론 목적에 따라서 다양한 선택지가 존재하는데요. 그중에서 오래된 도쿄의 고즈넉한 풍경을 느끼고 싶을 때 선택하는 장소는 단연 칸다아와지쵸神田淡路町입니다. 전철역 출구를 중심으로 약 1km의 거리로 둘러싸인 삼각지대인 이곳은 전쟁의 포화를 피해 간 도쿄의 몇 안 되는 오래된 번화가 중 하나예요. 따라서 작은 골목들을 걸으면서 1920-30년대의 정경을 느낄 수 있는 지역이기도 합니다.

그런 의미에서 이곳은 오래전부터 도쿄 사람들로부터 사랑을 받았던 노포들도 많이 있어요. 나츠메 소세키夏目漱石의 요청으로 만들어진 양식 메뉴를 만날 수 있는 레스토랑, 쇼팽의 음악이 줄곧 흐르고 있는 킷사텐, 최근 애니메이션의 배경으로 등장하면서 화제가 된 오래된 전통 디저트 가게까지 종류도 다양합니다. 그리고 이곳을 대표하는 또 하나의 대표적인 노포가 바로 소바집이에요.

흔히 도쿄를 '물 위에 떠있는 도시'라고 이야기합니다. 이 주변에 '에도'라고 하는 새로운 도시를 건설하기 위한 계획을 세웠을 무렵, 지금 우리가 걷고 있는 코우쿄皇居(황거. 일본의 왕이

거주하는 곳)의 동쪽 지역의 일부는 바닷물이 들어왔었다고 해요. 그런 곳들을 매립해서 만들어진 도시가 도쿄라고 합니다. 이러한 도시 개발 공사 현장에서 일하는 노동자들을 위해 간단히 먹을 수 있는 음식들이 등장했는데, 그중 하나가 소바라는 이야기가 있습니다. 도쿄 지역의 소바를 찍어 먹는 간장이 진한 이유도 습기가 가득한 한여름에 야외에서 일하는 노동자들에게 염분을 보충하기 위함이었다는 이야기도 있어요.

이처럼 도쿄의 소바는 기본적으로는 서민들의 음식에서 그 출발점을 찾을 수 있습니다. 지금도 가게 이름에서 발견할 수 있는 야부藪, 스나바砂場, 사라시나更科 같은 명칭을 사용하는 오래된 소바집들은 괜찮은 선술집과 같은 분위기를 풍기고 있어요. 하루 일과를 마친 사람들이 삼삼오오 모여 술과 안주를 즐긴 후에 마무리로 소바를 먹는 저녁 풍경이 도쿄의 소바집에서 펼쳐집니다. 퇴근 후에 동료들과 친구들과 포장마차 안에 들어가서 소주와 안주 그리고 가락국수를 시켜서 하루의 회포를 푸는 일상의 풍경과 많이 닮아 있습니다. 그리고 이런 모습을 경험할 수 있는 칸다아와지쵸의 대표적인 소바 노포가 바로 칸다야부소바かんだやぶそば와 칸다마츠야神田まつや입니다.

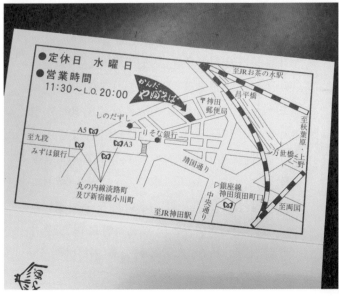

●定休日 水曜日

●営業時間
11:30〜L.O.20:00

かんだ
やぶそば

至JRお茶の水駅

昌平橋

神田郵便局

しのだずし

りそな銀行

至秋葉原・上野

A5

至九段

みずほ銀行

A3

靖国通り

万世橋

丸の内線淡路町
及び新宿線小川町

銀座線
神田須田町口

至両国

中央通り

至JR神田駅

칸다야부소바는 1880년, 칸다마츠야는 1884년에 각각 문을 열었습니다. 다시 말해 19세기의 가게예요. 교토에서 도쿄로 수도가 옮겨진 시점이 1869년인 걸 생각해 보면 에도가 아닌 도쿄의 역사를 고스란히 겪으면서 지금까지 존재하는 몇 안 되는 가게 중 하나라는 사실을 짐작할 수 있습니다.

칸다야부소바의 매장 명함 안에 가게 명칭의 유래가 적혀 있습니다. 에도 막부 말엽 지금의 센다기千駄木역 근처에 있는 단고자카団子坂라는 곳에 '츠타야蔦屋'라는 소바가게가 있었습니다. 그리고 이 가게 주변에는 대나무 숲이 많이 있었다고 해요. 대나무 숲의 일본어 발음이 '타케야부竹藪'인데요, 바로 여기에서 당시 사람들이 '츠타야'라는 가게 명칭이 아닌 '야부소바'라는 별명으로 가게를 부르기 시작했다고 합니다. 이 가게의 분점을 1880년에 창업주가 양도받아서 영업을 하면서 '야부소바'라는 상호를 사용하기 시작했고, 이후 단고자카의 본점이 폐업을 하면서 야부소바의 본점으로 지금에 이르게 되었다고 합니다.

가게 입구로 들어가면 작은 일본식 정원이 나오고, 그 정원과 연결된 듯한 공간 그리고 마루로 올라가서 앉을 수 있는 공간으로 구성된 내

부의 모습이 제가 처음 이곳을 방문했을 때의 인상이었습니다. 지금으로부터 약 20년 정도 이전의 이야기예요. 정원에서 흐르는 물 소리, 어딘가에서 지저귀는 새소리, 그리고 주문을 넣는 직원의 노랫가락 같은 소리가 섞여진 공간은 주변에 상업 시설로 가득한 고층 빌딩들이 존재한다는 사실조차 잊게 만들어 줍니다. 2013년에 화재로 인해 이 건물이 소실된 이후 새로 단장해서 영업을 재개한 건물이 지금의 가게예요.

야부소바에서 소바를 처음 먹었을 때 느꼈던 사실이 하나 있는데요, 바로 '소바는 향으로 먹는 음식'이라는 것이었습니다. 그런 의미에서 갓 만들어진 소바는 시간을 지체하지 않고 바로 먹는 것이 소바의 향과 맛을 충분히 즐길 수 있다고 합니다. 소바집마다 추천하는 먹는 방식이 있지만 저는 소바만을 먼저 먹고 그다음에는 소바와 와사비만으로, 그러고 나서 소바의 3분의 1이나 절반 정도를 간장에 담가서 먹고 있습니다. 이렇게 소바를 먹기 시작한 것이 바로 야부소바에서 처음 소바를 먹었을 때부터였어요.

한편, 칸다마츠야는 도쿄메트로 마루노우치센 아와지쵸淡路町역 A3번 출구로 나오자마자 직선으로 2-3분 걷다 보면 만날 수 있습니다. 큰 길가에 자리한 고풍스러운 자태의 건물은 관

동대지진 때 파손된 가게를 1925년에 다시 지은 건물이라고 합니다. 당시의 모습을 그대로 간직하고 있어서 도쿄의 문화재로 지정되어 있어요. 가게 앞에 있는 작은 도로를 건넌 자리에서 바라보고 찍은 사진이 특히 예쁘게 나와서 많은 사람들이 이곳에서 기념 사진을 찍기도 합니다. 이곳의 특징은 가게 건물에 문이 두 개가 있다는 것인데요. 가게를 바라보고 오른쪽 문이 입구, 왼쪽 문이 출구입니다. 여기에서는 해가 저물고 어둠이 찾아오면 주변 회사원들이 삼삼오오 모여서 저녁 식사 겸 술자리를 가지는 모습을 발견할 수 있어요.

칸다야부소바가 격조 있는 향기가 나는 분위기라면 칸다마츠야는 조금 더 짙은 땀내음이 풍기는 분위기를 느낄 수 있습니다. 예전 도쿄의 동네에 하나씩은 있었던 소바집의 정겨운 분위기. 바로 그것이 칸다마츠야에는 고스란히 남아 있습니다. 그래서 칸다야부소바의 경우는 기모노를 입은 스태프들이 일사불란하게 응대를 해준다면 칸다마츠야는 정말 오랫동안 이곳에서 일해 온 아주머니들이 가게 일을 도와주기 위해 마치 옆 집에서 바로 건너온 듯한 수수한 차림의 모습으로 친절하게 응대해 주는 분위기가 느껴집니다. 좋은 의미에서 도쿄 최고의 소바 노포

라는 생각이 들지 않을 정도로 진입 장벽이 낮은 곳, 가게 안에서 머무르면서 느껴지는 불편함이 없는 곳이에요.

　보통 이런 소바 노포에서는 카케소바かけ蕎麦와 같은 가장 기본적인 따뜻한 소바나 모리소바もり蕎麦, 자루소바ざる蕎麦, 세이로우소바せいろう蕎麦와 같은 가장 기본적인 차가운 소바를 주문합니다. 어느 순간부터 화려한 꾸밈이 없는 것들을 좋아하기 시작했는데 칸다야부소바와 칸다마츠야의 소바에서는 꾸밈이 없지만 따뜻하고 깊이 있는 맛을 전해 주는 한 끼의 식사와 마주할 수 있는 장소라는 기분이 들어서 도쿄를 찾을 때마다 매번 들르고 있어요. 뭔가 가게들이 자리한 칸다아와지쵸의 분위기와도 닮았다는 생각도 듭니다.

'문화인의 호텔',
야마노우에 호텔

©HILLTOP HOTEL

"기사님, 야마노우에 호텔山の上ホテル로 가주세요." 지하철을 타면 약속된 시간까지 촉박할 것 같아서 숙소 앞에서 택시를 탔습니다. 얼마전 서울을 안내해 드린 에디터 오카다 유카岡田有加 씨가 초대한 점심 식사 장소가 야마노우에 호텔이었어요. "오챠노미즈에 있는 야마노우에 호텔 말씀이시죠? 선호하시는 길이 있으시면 말씀해 주세요"라는 택시 기사의 질문에 자주 이용하는 길로 가 달라는 답을 하고 창 밖을 바라봅니다.

'야마노우에 호텔'이라는 단어만으로 더 이상의 장소에 대한 설명이 필요 없다면 얼핏 봐도 오랜 기간 동안 도쿄의 거리를 달린 베테랑 기사라는 생각이 듭니다. 그렇다면 록퐁기六本木에서 야마노우에 호텔이 있는 칸다스루가다이神田駿河台로 가는 루트를 굳이 이야기하지 않아도 야마노우에 호텔로 가는데에 어울리는 풍경을 배경으로 달릴 것 같은 기분이 듭니다.

예상대로 택시는 수도 고속 도로의 밑을 달리다가 토라노몬 쪽으로 방향을 틉니다. 이제 카스미가세키를 지나 히비야와 마루노우치를 지나 진보쵸로 향하는 코우쿄의 런닝 코스를 따라 이동할 거예요. 시부야와 신주쿠와 이케부쿠로라는 1960년대 이후의 새로운 도심이 생기기

81

©HILLTOP HOTEL

이전부터 도쿄의 중심으로 기능한 공간의 풍경
이 눈 앞에 펼쳐집니다. 과거와 현재가 섞여 있
는 독특한 분위기의 풍경을 보면서 야마노우에
호텔이 태어난 시기의 이 주변은 어떤 모습이었
을까 하는 상상을 해 봅니다.

　야마노우에 호텔이 준공된 시기는 1937년
입니다. 석탄 사업을 하는 사업가인 사토 케이타
로佐藤慶太郎가 설립한 '사토 신흥 생활관佐藤新興生
活館'의 건물로 사용된 것이 시작이었습니다. '사
토 신흥 생활관'은 의식주와 사회 생활의 규범
등의 생활을 영위하는 방식의 진리를 연구, 실
천, 교육하는 장소로서 건설 되었습니다.

　사토 케이타로의 이름이 낯설지도 모르겠
지만, 우에노공원 안에 있는 '도쿄도미술관東京都
美術館' 탄생의 아버지로도 유명합니다. 아직 일
본에 미술관이라는 것이 없었던 시절, 서양 미술
을 공부했으나 작품을 세상에 발표할 수 없었던
화가와 조각가 등을 위해 한 개인의 사재를 기
부해 만들어진 일본 최초의 공립 미술관이 '도
쿄도미술관'이에요. 지금 미술관 안에 있는 라운
지 공간인 '사토 케이타로 기념 아트 라운지佐藤
慶太郎記念アートラウンジ'는 이를 기념하여 붙여진
이름입니다.

©HILLTOP HOTEL

어느덧 택시는 코우쿄의 끝자락을 달리고 있습니다. 오른편에는 마루노우치의 끝자락인 오오테마치大手町의 고층 빌딩들이 늘어서 있습니다. 오오테마치는 요미우리신문, 니혼케이자이신문 등의 본사가 있는 신문사의 거리로 유명합니다. 바로 근처인 마루노우치에는 내외 언론인들을 위한 회원제 클럽인 '일본 외국 특파원 협회FCCJ'도 있을 정도로 오랜 역사를 지닌 미디어의 관계자들이 드나드는 지역입니다. 이곳을 지나면 이제 대형 출판사들의 본사가 자리하고 있는 진보쵸가 눈에 들어오게 됩니다.

메이지대학교 건물 뒷편으로 난 좁은 오르막길을 오르면 드디어 아르데코 양식이 인상적인 호텔의 모습이 눈에 들어옵니다. '산의 위쪽'이라는 일본어 표기보다 'HILLTOP'이라는 영어 표기가 더 어울리지 않을까 싶은 생각이 드는 작지만 경사가 높은 오르막길 정상에 자리하고 있어요. 입구를 들어가서 로비 쪽을 바라보니 오카다 씨가 이미 도착해 있었습니다. 약 한 달만의 반가운 재회를 하고 오픈 시점부터 오카다 씨가 편집장을 맡고 있는 GINZA SIX magazine의 이야기 같은 서로의 근황을 잠시 이야기를 나누면서 오픈 당시의 모습을 잘 간직하고 있는 로비의 테이블과 소파를 잠시 바라봤습니다.

©HILLTOP HOTEL

'사토 신흥 생활관'으로 시작한 야마노우에 호텔은 1954년 1월 20일에 지금과 같은 호텔로 운영을 시작했습니다. 창업 당시부터 이곳은 많은 작가들이 호텔 방에 틀어박혀서 집필 활동을 하는 장소로 유명했다고 해요. 일본어로 통조림을 뜻하는 단어이기도 한 '칸즈메カンヅメ' 상태로 작품 활동에 전념했던 문인들의 흔적을 이곳의 객실에서 머물면서 체험해 볼 수 있지 않을까 해요. 지금처럼 워드 파일로 정리해 이메일로 송고를 하는 시스템이 없던 시기였기 때문에 원고 마감 전이면 이 호텔 로비에서 원고를 기다리는 각 출판사의 편집자들로 넘쳐났던 풍경이 펼쳐졌다고 합니다. 그래서인지 카와바타 야스나리川端康成, 미시마 유키오三島由紀夫, 이케나미 쇼우타로池波正太郎와 같은 유명 작가들이 정기적으로 숙박을 하던 공간이기도 하고요. 과거 아쿠타가와상芥川賞을 수상한 작가들의 대부분이 이 호텔에서 수상 후 첫 작품을 집필한 곳으로도 유명합니다. 그런 에피소드들을 접하게 되면 이곳이 왜 '문화인의 호텔'이라고 불리는지에 대해 고개가 끄덕여집니다.

그런 이야기들을 들으면서 '아, 그나저나 다음 원고 마감이 언제더라' 라는 생각을 로비의 풍경을 바라보면서 해 봅니다. 뭔가를 글로 적

©HILLTOP HOTEL

는 것을 좋아하기는 했지만 그렇다고 작가를 목표로 삼은 적은 단 한 번도 없었습니다. 뭐랄까요, 정보를 수집하고 편집해서 전달을 하는 느낌이라는 생각이 더 강하기 때문에 뭔가를 창작하는 행위 자체에 소질이 없다는 생각도 항상 하고 있었는데 어느샌가 글을 쓰고 있고 출판사의 편집자들에게는 작가라는 호칭으로 불리기 시작했어요. 그리고 최근 얼마 동안은 '마감'이라는 단어를 항상 머릿속에 넣어 두고 다니게 되었습니다. 왠지 몸에 잘 맞지 않은 느낌이 드는 이 '작가'라는 옷을 나는 왜 입게 되었을까 하는 생각도 들게 됩니다.

　　그리고 보통 저 같은 경우 이러한 글을 쓰는 행위를 하는 곳은 집이나 사무실이 아니었다는 사실을 비교적 최근에 눈치채게 되었습니다. 서울이든 도쿄든 관계없이 어딘가 제3의 장소에서 집중을 해야 글이 나오는 경우가 많아요. 저라는 사람은 일상과는 조금은 거리를 둔 비일상에 가까운 환경에 혼자 놔두어야 글이라는 게 써지나 봅니다. 이는 비단 저만의 문제가 아니었는지 야마노우에 호텔의 자사 소개 글에서도 '작가들이 집필에 쫓겨 통조림 상태로 되어 있었지만 어떤 사람은 서재처럼 또 어떤 사람은 별장처럼 집에서는 향유할 수 없는 제2의 일상을 보낸

듯하다'라는 내용을 발견할 수 있습니다.

　오카다 씨와 호텔 안을 간단히 둘러본 후 식사를 하기 위해 호텔 1층에 있는 텐푸라天ぷら 전문 레스토랑인 '텐푸라와 일식 야마노우에てんぷらと和食 山の上'로 들어갑니다. 근대화가 진행되면서 도쿄의 음식이 시간에 따라 사회로 퍼져 나가는 과정은 크게 두 가지로 볼 수 있습니다. 하나는 왕실이나 귀족 같은 특권층의 문화가 시민들로 확산된 케이스이고요, 다른 하나는 시민들의 문화가 특권층이 향유하는 케이스로 발전한 경우입니다. 전자의 경우라면 토라야虎屋의 양갱과 화과자, 돈카츠의 원조라고 불리는 폰타혼케ぽん多本家의 포크카츠레즈 같은 것을 들 수 있습니다. 상당수의 근대 도쿄에서 탄생한 양식 레스토랑은 궁내청에서 요리를 담당하거나 당시 교편을 잡은 외국인 교수들을 위한 요리사들이 조금 더 많은 사람들에게 양식의 매력을 전하기 위해 도쿄에 가게를 낸 경우들이거든요. 후자의 경우는 우리가 대표적으로 알고 있는 에도 시절의 음식들처럼 야타이屋台라고 불리는 포장마차와 같은 스트리트 푸드 문화에서 시작해 지금과 같은 고급 요리로 발전한 케이스예요. 그리고 그런 대표적인 예가 지금은 고급 요리의 대표 주자 중 하나인 텐푸라입니다.

우리들이 익히 아는 길거리 포장마차에서 '떡튀순'을 먹을 때 튀김이 만들어지는 풍경이 바로 도쿄의 전통적인 텐푸라인 '에도마에 덴푸라'가 만들어지는 모습이었다고 합니다. 그런 텐푸라가 지금과 같은 고급 요리로 발전하게 된 계기가 된 곳이 바로 1954년에 '야마노우에 호텔'이 오픈할 때 생긴 '텐푸라 야마노우에'입니다. 지금도 그런 '에도마에 텐푸라'의 기본을 보여 주고 있다는 이곳은 두말할 필요 없는 도쿄 최고의 텐푸라 레스토랑입니다. 일일이 나열하기도 힘들 정도로 수많은 문호와 예술인 그리고 저명 인사들이 단골로 다니고 있는 가게예요.

"텐푸라는 튀겨낸 요리가 아니라 안에 있는 재료를 맛있게 쪄내는 요리예요. 여기 텐푸라를 먹으면서 그런 느낌을 한번 느껴 보세요." 라는 오카다 씨의 이야기를 들으면서 코스 요리로 나오는 텐푸라를 하나하나 맛을 봅니다. 역사 깊은 가게의 오므라이스나 돈카츠 그리고 텐푸라를 먹을 때 공통적으로 느껴지는 것 중 하나가 재료를 싸고 있는 옷의 퀄리티가 다르다는 점인데요, 이곳의 텐푸라를 먹고 나서는 하나가 더 추가되었습니다. 텐푸라의 경우 속재료를 좋은 의미에서 전혀 건드리지 않고 요리가 완성된다는 것이에요. 저는 그다지 음식에 정통한 사람은

아니에요. 딱히 뭐가 맛있는 것인지도 잘 모르고
요. 사실 그냥 주는 대로 다 맛있게 먹는 편입니
다. 다만, 이곳의 텐푸라와 코스 요리 후에 나오
는 텐동의 맛을 본 순간 문득 이런 생각이 들었
습니다. 이 맛의 감각은 가급적 빨리 잊는 편이
좋을 것 같다고요. 그렇지 않으면 아마 도쿄에서
더 이상 텐동을 즐기지 못할 것 같은 기분이 들
었습니다.

　식사를 마친 후 테라오카 마사노리寺岡正憲
조리장과 인사를 나눈 후에 다시 로비로 나오면
서 이런 생각을 해 봤습니다. 나중에 다시 마감
에 쫓기게 되면 한 번은 야마노호텔에 짐을 풀
고 며칠 동안 통조림 상태로 지내도 좋겠다고요.
그리고 맛의 기억을 빨리 지울 수 있는 자신이
있다면 매일같이 1층으로 내려가서 텐동을 주문
해서 먹으려고 해요.

신바시의
무사시야

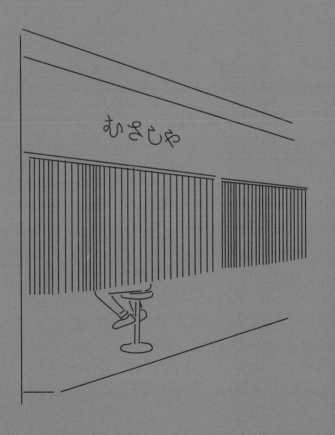

주말이 되면 긴자는 '보행자 천국'이 됩니다. 긴자 중심 도로는 차량이 통제되고 그곳에 도쿄 시민들과 많은 외국인들이 자유롭게 걸어 다니는 모습을 볼 수 있어요. 한 번은 주말에 긴자에 일이 있어서 갔다가 '긴자잇쵸메銀座一丁目부터 긴자핫쵸메銀座八丁目까지 한번 도로로 걸어 볼까' 하는 생각이 들어서 실행에 옮겨 봤습니다. 긴자의 시작부터 끝까지 대략 어느 정도 걸릴지를 확인해 보고 싶었어요. 그리고 그 산책이 생각보다 굉장히 빨리 끝났다는 사실을 알게 되었습니다.

긴자라는 지역의 범위를 생각해 봅니다. 쿄바시와 긴자잇쵸메의 경계에서 시작해 긴자핫쵸메와 신바시의 경계까지를 긴자의 평균적인 세로 길이로 생각하고 유락쵸와 인접해 있는 토큐플라자긴자가 있는 교차로에서 히가시긴자역을 긴자의 평균적인 가로 길이로 생각했을 때 둘러싸여진 직사각형의 공간을 일반적으로 사람들은 긴자로 표현을 합니다. 조금 이해하기 쉽게 이를 서울의 예로 바꾸자면 다음과 같습니다. 덕수궁의 대한문 앞에서 태평로를 따라 광화문 앞까지 간 다음에 방향을 오른쪽으로 틀어서 안국역으로 향합니다. 안국역 직전에서 조계사가 있는 길로 내려가서 종각역을 지난 다음에 을지

로입구역까지 간 후에 서울광장쪽으로 방향을 다시 틀어서 덕수궁까지 가는 여정 안에 포함된 공간과 거의 동일합니다. 가로 약 600m, 세로 약 1.1km 안에 포함된 생각보다 꽤 작은 지역이에요. 이렇게 좁은 긴자 안에 도쿄에서 가장 최상급을 자랑하는 브랜드와 노포들이 가득 들어차 있는 것이에요. 그런 의미에서 긴자는 일상과는 거리가 있는 비일상적인 공간이라는 생각이 듭니다. 그리고 이런 비일상적인 공간을 다니기가 조금은 지칠 때 긴자를 벗어나 신바시로 향합니다.

긴자핫쵸메를 상징하는 시세이도 긴자 본점 건물과 카페 파울리스타 정도까지 오면 와코백화점 주변의 복잡한 분위기는 대부분 잦아들고 조금은 차분한 분위기가 느껴지기 시작합니다. 조금 더 걸어서 수도 고속 도로를 지나고 있는 고가 도로를 통과하고 나면 이제부터는 긴자가 아닌 신바시 지역입니다. 다시 일상으로 돌아온 듯한 기분이 들면서 마음이 편해지기 시작해요.

신바시는 역 주변으로 많은 기업의 사무실이 자리하고 있었기 때문에 오랜 세월 동안 '샐러리맨의 거리'로 유명한 동네입니다. 그리고 역 주변에는 그들이 편하게 식사를 하거나 술자리를 가질 수 있는 저렴하고 맛있는 가게들이 많

이 자리하게 되었습니다. 이는 고급 요리와 레스토랑으로 대표되는 긴자의 가게들과는 다른 매력이라고 생각합니다.

JR신바시역을 가로질러서 역 앞 광장으로 나갑니다. 일본의 TV 뉴스 프로그램에서 취기가 오른 샐러리맨이 마이크 앞에서 세간의 이야기를 인터뷰하는 장면을 종종 볼 수 있는 바로 그 장소입니다. 가정에 TV가 많이 보급되지 않았던 1960년대까지는 이 장소에 '길거리 TV'가 있었다고 합니다. 흔히 생각하는 지금 도심 빌딩에 걸려 있는 대형 전광판과 같은 것이 아니라 집에서나 볼 만한 21인치나 27인치 TV를 공용 장소에 설치한 것이라고 해요. 1950년대 초반의 신바시역 광장에서 이러한 TV 두 대 주변에 1만 명 이상이 운집했다는 기사도 있을 정도였다고 해요. 하루 일과를 마치고 동료들과 역 광장에서 보고 싶은 TV 프로그램을 함께 본 다음에 회포를 풀기 위해 주변 가게로 발길을 향하지 않았을까 하는 상상을 해 봅니다. 지금까지 남아 있는 신바시의 노포들은 당시부터 그런 역할을 해 온 곳들이에요.

이제는 각자가 TV와 같은 스마트폰을 들고 오며가는 신바시역 광장에는 그런 흔적은 전혀 찾아볼 수 없고 역사 속의 유물과 같은 증기

기관차가 전시되어 있는 모습을 볼 수 있습니다. 그래서 지금은 신바시역 앞 광장보다도 증기 기관차가 있는 광장이라는 뜻을 지닌 'SL광장'으로도 친숙한 공간이기도 해요. 신바시의 명물 노포 중 하나인 무사시야むさしや는 바로 이 'SL광장' 옆에 있는 뉴신바시빌딩ニュー新橋ビル에 자리하고 있습니다. 무사시야를 비롯해 1970년 창업의 채소와 과일 주스 전문 바인 '베지테리언 신바시 본점ベジタリアン新橋本店'과 지금의 규카츠 붐을 일으킨 주인공으로 유명한 1998년 창업의 '규카츠 오카다牛かつ おか田'처럼 다양한 시대의 샐러리맨들을 위한 가게들이 이 건물 안에 모여 있습니다.

무사시야는 1885년에 창업한 곳이에요. 군고구마를 파는 가게에서 시작해 신바시에 정착한 이후부터는 과자 가게를 거쳐 지금의 양식 메뉴를 제공하는 가게로 자리하게 되었다고 합니다. 가림막 발만이 설치되어 있는 카운터 구석 자리에 앉자마자 손님들이 속속 옆 자리를 채우고 있습니다. 어찌 보면 완벽하게 외부에 노출된 건물 1층의 아케이드 공간에서 식사를 하고 있는 사람들의 '사회적 속성'이 다양하다는 사실이 우선 흥미로웠어요. 그리고 그 모든 사람들이 자리에 앉자마자 하나같이 '오므라이스'를 주문하

는 것 또한 흥미로웠습니다. 클래식한 노포에서만 볼 수 있는 풍경이 아닐까 해요.

여기는 앞서 적었듯이 나폴리탄이 곁들여진 오므라이스가 인기입니다. 하루는 이른 점심을 먹기 위해 가게 문을 여는 10시 반에 도착해서 첫 손님으로 자리에 앉았는데 이후 5분이 지난 시점에 손님들로 만석이 되어 버립니다. 점심시간 때는 오픈 때 찾지 않으면 대부분의 경우 한참을 기다려야 하는 곳이라는 사실을 새삼 깨닫게 되었습니다. 그리고 점심을 먹기 위해 앉았다가 일어날 때까지 이곳을 찾은 모든 손님들이 한결같이 주문한 메뉴 또한 오므라이스입니다. 예전 도쿄의 토마토 케첩 맛 양식을 좋아하는 분들에게는 망설임 없이 추천하는 곳이에요.

『월하의 마음』과
셈비키아의 멜론

도쿄의 거리를 이야기로 풀기 시작하게 된 계기를 가끔 생각합니다. 그리고 지금 시대의 도시의 거리를 자신만의 감각으로 묘사하는 고현학적인 방식의 글을 쓰게 된 계기를 돌이켜서 생각해 보면 학생 시절에 읽었던 박태원의 『소설가 구보 씨의 일일(1934)』과 이상의 『날개(1936)』가 아닐까 해요. 그 안에서 묘사된 당시 서울의 단편들을 바탕으로 실제 거리를 다니면서 상상하는 것이 음악을 듣는 것 외의 유일한 취미였던 시절도 있었습니다.

　　위 소설들에 등장하는 청계천 남쪽 지역의 거리와 공간들엔 당시 새로운 라이프스타일이었던 모던한 분위기가 물씬 풍기고 있었고, 어쩌면 주인공들에게는 현실의 고단한 감각을 마비시킬 수 있는 이상향에 가까운 도피처들이 가득한 공간이었을 것이라는 생각을 해 봤습니다. 그리고 그런 공간은 어떤 분위기였을까 하는 생각으로 을지로로, 충무로로, 정동으로, 서울역으로 하염없이 걸었던 기억이 있습니다. '도쿄의 거리를 잘라 내서 표현하는 글이 재미있다'는 도쿄 지인들의 이야기를 듣고 도쿄다반사를 시작하게 된 것도 이 시기의 영향이 있지 않았을까 해요. 20대 시절 저에게 도쿄는 현실을 잊고 이상향을 찾아 떠난 도피처였으니까요. 그래서 가끔

이런 생각도 했습니다. 박태원과 이상의 도쿄 시절은 어떤 모습이었을까 하고요. 아마 그중에서 특히 김향안의 『월하의 마음』에 나오는 도쿄 시절의 이상의 일화는 많은 사람들이 읽어본 유명한 글이지 않을까 합니다.

『월하의 마음』을 언제 처음 봤는지는 솔직히 기억이 잘 나지 않습니다. 추측건대 책이 나왔던 2006년에는 도쿄에서 일본어학교를 다니고 있었던 시기였고, 그 이후에는 서울과 도쿄를 오고 가는 생활이 이어졌으니 아마도 그 즈음에 환기미술관을 자주 다니면서 접한 것이 아닐까 해요. 3m에 다다른 커다란 세계를 고요한 전시장 안에서 한참 동안 혼자 바라볼 수 있던 것도 이 시기의 귀중한 경험이기도 합니다.

도쿄 일정을 보내던 어느 날 문득 『월하의 마음』에 나왔던 이상을 위해 도쿄대부속병원에서 셈비키야로 멜론을 사러 다녀온 여정이 어떤 풍경이었을지 궁금해졌습니다. 우선 시간을 1937년 4월로 돌린 후에 우선 두 가지 내용에 대해 상상해 봅니다. 첫 번째는 도쿄대부속병원의 위치, 두 번째는 셈비키야의 위치입니다. 먼저 도쿄대부속병원의 공식 홈페이지의 연혁을 보면 현재 소재지인 혼고本郷 이외에도 19세기 말에는 칸다에 제2병원이 있었다고 합니다. 다

113

만 연혁에서 칸다의 경우 의대 학생들에게 임상 강의를 하기 위한 장소로 설명되어지는 것을 보면 아마도 지금 혼고에 있는 건물에서 출발하지 않았을까 해요. 이 장소를 이해하기 쉽게 설명하자면 우에노공원의 명물인 오리배가 둥둥 떠다니고 있는 시노바즈노이케不忍の池의 풍경이 오른편에 펼쳐지는 큰 도로를 따라 걸을 때 그 맞은편인 왼편에 자리하고 있습니다. 다음으로 그럼 당시 셈비키야는 어디에 있었을까요? 셈비키야 공식 홈페이지에 공개된 기업 역사를 읽어보면 1937년 당시 셈비키야는 지금의 니혼바시의 본점을 포함해 쿄바시(京橋, 1881년), 신바시(新橋, 1894년) 이렇게 세 곳이 존재했던 것으로 확인됩니다. 혼고에서 가까운 순서대로 나열하자면 니혼바시, 쿄바시, 신바시예요.

그렇다면 셈비키야까지 어떻게 다녀왔을까를 생각해 봅니다. 혼고에서 가장 가까운 셈비키야 니혼바시 본점까지의 거리는 약 3.5km. 걸어서는 적어도 왕복 1시간 반 정도가 걸립니다. 지금처럼 자동차가 대중화된 시기도 아니었고, 1912년에 긴자에 본사를 둔 택시 회사가 처음으로 등장하기는 했지만 당시나 지금이나 전철과 비교하면 상당히 비싼 교통수단이었기 때문에 아마도 전철을 이용해서 이동하지 않았을까

해요. 참고로 1937년 당시에는 지금 우리에게 익숙한 많은 전철 노선들이 이미 도쿄를 달리고 있었습니다. JR 야마노테센山手線과 츄우오우·소부센中央·総武線을 비롯해 케이오 이노카시라센京王井の頭線과 토큐 토요코센東急東横線은 전체가 개통되었고, 도쿄메트로 긴자센銀座線은 아사쿠사浅草에서 신바시까지 개통되어 있었어요. 1938년 11월부터 1939년 1월 사이에 개통된 (지금의 긴자센 일부인) 도쿄고속철도東京高速鉄道의 시부야渋谷~신바시 노선과 1954년에 개통된 도쿄메트로 마루노우치센丸ノ内線 노선의 등장이 긴자센 다음으로 등장한 도쿄 시내의 전철 노선인 것을 생각해 본다면 혼고에서 니혼바시의 셈비키야까지 전철로 갈 수 있는 유일한 방법은 긴자센을 타는 것이에요. 따라서 도쿄대부속병원에서 출발해 우에노공원을 따라 내려가서 지금의 유시마湯島역 사거리에서 왼쪽으로 방향을 튼 후에 직진해서 우에노히로코우지역에 도착하면 거기에 긴자센을 타고 미츠코시마에역에서 내리는 루트라면 당시에 큰 차이 없이 셈비키야에 도착할 수 있겠다는 생각이 듭니다.

미츠코시마에역에서 나와 셈비키야를 바라봅니다. 19세기에 지금의 사이타마현에 있던 셈비키무라千疋村에서 재배된 농산물을 도쿄에 판

매하는 가게로 출발한 셈비키야는 '과일을 싸게 파는 가게水くわし安うり処'라고 간판에 내걸 정도로 질 좋은 과일을 저렴하게 판매하는 곳으로 알려졌다고 합니다. 이후, 많은 저명인들이 단골이 되고 도쿠가와 막부 납품 기업으로 선정되면서 지금과 같은 고급 브랜드의 위치로 자리하게 되었다고 해요.

지금의 닌교쵸人形町에 첫 가게를 낸 것은 1864년, 그리고 그로부터 4년 뒤인 1968년에는 '간편히 서양식 식사와 디저트를 즐길 수 있는 가게'라는 콘셉트로 '과일식당果物食堂'을 오픈하게 되는데 이것이 지금의 '후르츠 팔러フルーツパーラー'의 원형이 됩니다. 1층에는 과일 매장이 2층에는 후르츠 팔러가 자리한 지금의 니혼바시 본점에서 볼 수 있는 구성은 1929년에 후르츠 팔러가 오픈할 때 갖춰지게 되었어요. 1928년에 아이스크림 팔러로 오픈한 '시세이도 팔러資生堂パーラー'와 함께 '근대적인 서양식 도쿄 디저트'의 대표 주자들이 1930년대를 앞두고 이렇게 긴자와 니혼바시 주변에 자리하게 됩니다.

명품 브랜드의 매장과 같은 입구를 들어가면 과일 판매 매장이 펼쳐집니다. 그리고 한편에 마치 보석과 같이 진열되어 있는 머스크 멜론 코너로 향합니다. 하나에 2-3만 엔을 호가하는

119

머스크 멜론이 눈 앞에 나열되어 있습니다. 과거에는 직접 재배했지만 지금은 전국의 농가에서 납품 받고 있는 이 최고 품질의 멜론들을 보면서 정말 귀한 대접을 받고 있는 과일이구나 하는 생각을 합니다. 단 하나의 멜론을 구매하는데 전용 패키지부터 보증서까지 갖춰져 있으니깐요. 그도 그럴 것이 셈비키야의 멜론은 농가에서 재배할 때 통상적으로 한 그루에 5-6개가 열리는 것에 비해 한 그루에 한 개만 열리게끔 재배한 것만 납품 받는다고 해요. 일본 전국의 뛰어난 농가에서 재배한 5-6개의 멜론이 하나로 응축된 것이라는 생각을 해 보면 가격도 어느 정도 납득이 가기도 하고 왜 이 멜론이 일본에서는 대부분 선물용으로 판매가 되는지를 이해할 수 있을 것 같았어요.

아무튼 이 멜론을 직접 구매해서 맛을 보는 엄두를 낼 수 없으니 체험을 하기 위해 2층 후르츠 팔러로 이동합니다. 그리고 한 조각의 멜론이 담겨 있는 파르페를 주문합니다. 이곳의 명물 중 하나는 바로 '과일을 자르는 장인'이에요. 말 그대로 파르페 같은 것을 주문할 때 그곳에 담기는 과일만을 자르는 경력만 30년이 넘는 장인입니다. 카운터 자리에 앉으면 파르페를 만들면서 과일을 자르는 모습을 볼 수 있는데요, 마치 초

밥집에서 생선회를 뜨는 장인의 모습이 겹쳐지기도 합니다. 가능한한 도마에 과즙이 흐르지 않도록 과일마다 칼을 넣는 최상의 각도나 자르는 방식이 있다고 하는데 그런 방식으로 잘려진 다양한 과일들이 담겨 나오는 파르페입니다.

실제로 파르페에 담겨진 멜론을 먹었을 때 맛도 맛이지만 과일이라는 것이 향으로도 맛을 느낄 수 있는 음식이구나 하는 생각이 들었습니다. '향취가 좋다고 미소 짓는 듯한 표정이 비쳐졌다'는 『월하의 마음』 속 대목도 잠시 떠오르기도 했어요. 어쩌면 이상, 그는 향으로 이 멜론을 먹지 않았을까 해요.

이대로 산책을 마무리하기에는 뭔가 조금은 아쉬운 느낌이 들어서 바로 옆에 있는 미츠이본관(1929년 준공)과 미츠코시백화점(1914년 준공)을 둘러봅니다. 이 두 건물 사이에 나 있는 길은 벚꽃 시즌이나 연말 일루미네이션 시기에 고풍적인 분위기를 느낄 수 있어서 많은 사람들에게 사랑받는 길이라고 해요. '날개'의 결말 부분에 주인공이 찾은 두 곳은 경성역(구 서울역사) 홀과 미츠코시 백화점(신세계백화점 본점) 옥상입니다. 두 곳 모두 당시에는 근대적인 서양문화를 접할 수 있는 대표적인 공간이었고, 당시에도 무료로 공간을 체험할 수 있던 곳이기도

해요. 셈비키야 주변에서 가장 이와 비슷한 역할을 하는 두 곳이 바로 미츠코시백화점과 미츠이 본관이에요. 그래서 처음 도쿄 생활을 시작했던 학생 시절에는 니혼바시에서 가장 자주 들른 곳이기도 합니다. 현실이 고단한 가난한 이상주의자에게 있어서 더할 나위 없이 고마운 존재예요.

네즈 미술관과
토라야

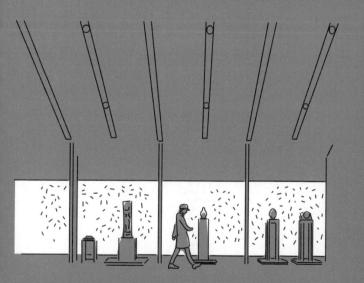

유학을 준비하고 있던 시절 대략 4곳의 후
보지를 준비하고 있었어요. 우선 순위대로 적어
보자면 런던, 스톡홀름, 교토 그리고 도쿄였습니
다. 유일하게 음악으로 뭔가를 해 보기 위해 생
각했던 곳이 런던이었고, 나머지는 디자인이나
미술사 또는 예술행정을 공부하기 위한 후보였
어요. 결국은 가장 우선 순위가 낮았던 도쿄로
결정했지만, 아마 교토였으면 온종일 도시 곳곳
을 돌아다니며 사찰과 불교 미술만 보러 다니지
않았을까 하는 생각을 가끔 합니다. 물론 도쿄에
서 생활하면서도 1순위로 목표를 하고 강조했던
곳은 와세다대학早稲田大学 대학원 문학연구과의
미술사학 과정이었어요. 비록 대학원 진학의 꿈
은 이루지 못했지만, 그 대신 열매를 맺게 된 도
쿄 생활의 결정체가 '도쿄다반사'인 걸 생각해
보면 뭔가 각자 나름대로에게 주어진 역할이나
사명 같은 것이 어느 정도는 있지 않나 싶은 기
분도 듭니다.

　　그런 과거가 있어서인지 지금도 기회가 되
면 찾는 곳이 바로 네즈미술관根津美術館이에요.
과거 일본의 철도왕으로 불렸던 사업가이자 토
부철도東武鉄道와 토부백화점東武百貨店의 모기업
인 토부 그룹의 창업자 네즈 카이치로根津嘉一郎
의 고미술 컬렉션 4,643점을 바탕으로 1941년

에 개관한 미술관입니다. 오모테산도역表参道駅에서 프라다, 이세이 미야케, 스텔라 맥카트니의 플래그십 스토어가 나란히 있는, 도쿄 굴지의 트렌드를 이끄는 거리인 미유키도오리みゆき通り 끝자락에서 드라마틱하게 자태를 드러내는 공간이기도 합니다. 이곳을 찾는 가장 큰 이유는 물론 전시이지만 그 외에 17,000평방미터라는 미나미아오야마南青山 지역에서는 상상할 수도 없는 어머어마한 규모의 일본의 전통 정원을 조용히 산책하기 위해 찾기도 합니다. 저는 이곳을 미나미아오야마의 후원後苑이라는 생각하고 있어요. 또한 미술관 병설 카페인 네즈카페 NEZUCAFÉ는 카페의 각 테이블의 위치에 따라 보이는 포인트의 다양한 정원의 경치를 즐길 수 있기도 합니다.

때마침 무로마치室町 시대의 쇼군가将軍家의 '후스마에襖絵'는 어떤 모습이었을까를 당시의 관련 문헌과 작품을 바탕으로 소개하는 전시가 열리고 있어서 네즈카페에서 이른 점심을 먹고 단풍이 짙게 물든 정원을 산책한 후 전시장을 둘러보았습니다. '후스마'는 한옥에서 주로 큰 방의 공간을 나눌때 사용하는 미닫이 문인 장지障紙와 같은 역할을 하는 문으로, 그곳을 장식하기 위해 걸린 그림을 '후스마에'라고 합니다.

14-16세기 무로마치 시대의 화려함을 체험할 수 있는 다양한 회화 작품들을 둘러보면서, '전시를 다 보고 나면 아카사카로 가야겠다'는 생각을 했습니다. 모처럼 무로마치 시대를 체험할 수 있는 그림들을 봤으니 같은 시기에 일본에서 만날 수 있는 차와 화과자를 즐기는 시간을 가지고 싶어졌어요. 그래서 목적지를 토라야とらや로 결정하게 되었습니다.

미유키도오리를 나와 아오야마도오리青山通り를 거쳐 아카사카고요우치赤坂御用地에 다다르면 토라야의 아카사카 본점이 나옵니다. 1964년 도쿄올림픽이 열린 해에 지어진 지상 9층 규모였던 과거의 본사 건물을 헐고, 2018년에 지하 1층, 지상 3층 규모로 리노베이션 오픈한 곳이 지금의 본점 건물입니다. 21세기의 토라야 주요 매장 설계를 담당한 나이토 히로시内藤廣가 설계한 아담하고 아름다운 건물 안에는 화과자의 매력을 느낄 수 있는 전시장과 매장과 제조공장 그리고 다실로 구성되어 있어요.

토라야는 지금부터 약 500년전인 무로마치 시대에 교토에서 창업했습니다. 왕에게 진상하는 과자를 만든 곳으로 유명한 이곳은 도쿄로 천도가 이뤄진 1869년에 교토에 있던 왕과 함께 도쿄로 진출하게 됩니다. 아카사카 지역에 가

134

게를 낸 것은 그로부터 10년 뒤인 1879년의 일입니다. 지금도 2층 매장에 가면 많은 사람들이 양갱을 구입하고 있지만, 오랜 역사를 지닌 곳만큼 화과자의 아카이브도 풍부한 것이 이 브랜드의 매력이기도 합니다. 가게에서 만들어진 역대 과자의 카탈로그와 같은 견본첩이 만들어진 게 1918년인데 현재도 이 견본첩이 그대로 사용되고 있다고 할 정도니깐요.

한국과 일본 같은 동아시아 문화권에서는 계절과 24절기의 변화를 여러 생활 속에서 느낄 수 있습니다. 그리고 특히 이렇게 오랜 역사를 지닌 가게에서는 그러한 계절과 절기의 변화를 더욱 잘 느낄 수 있습니다. 토라야의 화과자는 500여 년의 역사 속에서 등장했던 다양한 과자들을 각 계절에 따라 매월 다르게 선정해서 손님들에게 제공하고 있어요.

서리霜가 내리는 달이라는 뜻의 '시모츠키霜月'라고 불리는 11월의 토라야 화과자는 '우사기만兎饅'이라는 귀여운 홍백의 토끼 만쥬입니다. 1918년에 처음 만들어진 이 토끼 모양의 만쥬. 토끼는 다산의 상징으로 길운이 깃드는 동물로 알려져 있다고 합니다. 귀여운 아기 토끼와 같은 모습이라서 '시치고산七五三'과 같은 아이들의 성장을 축하하는 행사용으로 추천하는 과자라고

해요. 또한 12월의 과자로 등장하는 유자 모양의 유가타柚形는 1840년부터 판매하고 있다고 합니다. 벚꽃이 피는 3월에는 봄을 만끽할 수 있는 아름다운 꽃모양의 화과자인 '타오리사쿠라たおりざくら'가 1909년부터 판매되어 왔습니다. 4월에 판매되는 이세사쿠라伊勢桜는 1686년부터 판매되었고요. 이렇듯 매월 토라야의 역대 과자들을 계절별, 시대별로 만날 수 있는 것이 이곳을 찾는 가장 큰 재미이기도 합니다. 3층 다실 공간의 커다란 창을 통해 아카사카고요우치의 자연 풍광 보면서 여유롭게 화과자와 녹차를 즐기고 있으면 마치 500여 년 전의 사람들과 함께하는 듯한 기분마저 듭니다.

토라야를 나서면서 다시 21세기의 도쿄로 가고 싶을 때는 근처 아오야마잇쵸메青山一丁目역이나 아카사카미츠케赤坂見附역에서 긴자센을 타고 시부야渋谷역으로 향합니다. 시부야의 재개발과 함께 만들어진 나이토 히로시 설계의 새로운 긴자센 시부야역을 통해 현재의 도쿄로 빠져나가면서 타임머신을 타고 떠난 잠시 동안의 도쿄 여행을 마무리합니다.

이케나미 쇼타로와
타이메이켄

"돈키네요!".

휴대폰 알림이 와서 확인해 보니 딱 이 한 문장의 메세지가 도착해 있었습니다. 발신인은 타케이 신이치 씨. 레코드 문화나 1970-80년대 일본의 시티팝 음악의 유행으로 세계 각지의 음악 팬들 사이에서 화제가 되고 있는 중고 레코드 매장인 Face Records를 경영하고 있는 주인공입니다. 평소에는 서울과 도쿄의 음악이나 레코드에 대한 이야기를 가끔 나누고는 했는데, 느닷없이 돈카츠 가게인 '돈키'라는 단어가 메시지에 들어 있었어요. 그리고 그다음에 나온 이야기는 더욱 의외였습니다.

"이케나미 쇼타로池波正太郞라는 작가는 아시죠?"

이케나미 쇼타로. 아마도 시대물을 좋아하는 사람들에게는 시바 료타로司馬遼太郞와 함께 역사 소설가로 알려져 있을 것 같아요. 나오키상直木賞에 관심이 있다면 '착란錯亂'이라는 대표작으로 친숙한 주인공이지 않을까 합니다. 일본에서 퍼스트클래스를 이용하는 기업 경영인들이 즐겨 보는 책의 저자 중 한 명으로 소개된 신문 기사도 뇌리에 스쳐 지나갑니다. 그런데 왜 갑자기 돈키 이야기가 나오는 시점에 이케나미 쇼타로가 등장하게 되었는지 전혀 감을 잡지 못하고

있던 중에 다시 메세지 알림이 울렸습니다.

"돈키는 이케나미 쇼타로가 추천하는 레스토랑이었죠. 그리고 칸다神田의 마츠야まつや 긴자의 렌가테이煉瓦亭, 그리고 니혼바시의 타이메이켄たいめいけん 등 이케나미 쇼타로가 추천하는 레스토랑이 인기가 많아요. 이미 아실지도 모르겠지만요."

그제야 몇 가지 사실이 떠오르게 되었습니다. 이케나미 쇼타로가 태어나고 자란 곳은 우에노上野~아사쿠사浅草 지역이에요. 지금도 옛 도쿄의 분위기가 남아 있는 지역으로 시타마치下町라고 불리면서 많은 외국인들도 산책 코스로 즐겨 찾는 동네입니다. 그리고 1940-50년대의 청년 시절에는 당시 최고의 번화가의 긴자와 니혼바시 등 코우쿄皇居 동쪽 지역의 각지를 다니면서 문화 생활을 즐기고 다양한 음식을 만났습니다. 이러한 경험들은 나중에 '식탁의 정경食卓の情景, 1973년'과 '옛날의 맛むかしの味, 1984년'과 같은 에세이에 담겨지면서 미식가로 그의 이름을 알리는데 중요한 역할을 하게 됩니다. 그리고 그의 저서 속에 평소에 자주 찾았던 도쿄의 노포들이 소개되고 있던 것이었어요.

겨울비 치고는 제법 많이 내리는 주말 정오를 앞둔 시간. 긴자 미츠코시 앞에서 타케이 씨

와 만나 타이메이켄으로 향합니다. 앞서 소개된 메세지에 담긴 가게 중에 유일하게 타이메이켄만 가 본 적이 없던터라 나중에 꼭 가 보겠다는 생각을 타케이 씨에게 전했는데 나중에 같이 가자는 이야기로 전개가 되어서 급하게 약속을 잡게 된 것이었어요.

타이메이켄은 1931년에 문을 연 양식집입니다. 초대 쉐프가 주방일을 배운 가게의 이름을 그대로 이어받아 지금의 상호가 되었다고 하는데요, 당시 양식뿐 아니라 중식도 유명해서 도쿄에서 슈마이를 처음 낸 가게로도 알려져 있다고 해요. 그래서 지금도 라멘과 같은 중식 메뉴를 찾을 수 있습니다.

최근에 이전한 가게 건물은 1층과 2층으로 구성되어 있는데, 각 층에 따라 메뉴와 가격이 다릅니다. 여기에서 가장 유명한 메뉴는 오므라이스와 카레, 그리고 코울슬로인데 이들 메뉴를 캐주얼하게 즐기려면 1층 공간을 이용하는 것을 추천합니다. 타케이 씨의 안내를 받아 주문한 메뉴도 딱 이 세 가지였고, 1층에 있던 대부분의 사람들이 이들 메뉴를 주문하고 있었습니다. 특히 코울슬로가 유명한 집은 도쿄에서도 찾기 힘들기 때문에 굉장히 독특한 경험이기도 했어요. 일반적으로 코울슬로에 들어가는 마요네즈를

넣지 않은 코울슬로인 것이 하나의 큰 특징이라고 합니다.

이곳 오므라이스에는 '담뽀뽀 오므라이스 タンポポオムライス'라는 이름이 붙여져 있습니다. 이타미 주조伊丹十三의 영화 '담뽀뽀'를 이미지로 만든 음식이라고 해요. 워낙 유명해서 한때는 JAL의 국제선 기내식으로도 제공된 경력도 있다고 합니다. 음식이 나오면 오믈렛 부분의 가운데를 세로로 길게 자르고 양 옆으로 펼친 다음에 케첩을 듬뿍 뿌려서 먹는 것이 이곳 오므라이스를 맛있게 먹는 방법이라고 해요.

타이메이켄에서 식사를 하고 나면 캇파바시合羽橋를 걸어 보는 것도 좋을 것 같다는 생각을 해 봅니다. 주방용품부터 음식 샘플에 이르기까지 다양한 요식업 관련 도매상이 모여 있는 곳으로 친숙한 장소이지만 여기에 이케나미 쇼타로 기념 문고池波正太郎記念文庫가 자리하고 있기도 해요. 그의 자료들과 함께 정기적으로 전시도 열리고 있어서 '이케나미 쇼타로 세계'에 빠지고 싶은 사람들에게 추천하는 곳입니다. 조금 더 깊은 도쿄의 품 속으로 들어가고 싶다면 이케나미 쇼타로가 젊은 시절 유희를 즐겼다던 요시와라吉原의 거리로 향할 수도 있을 것 같습니다. 에도 시절 유곽이 있던 장소로 유명하지만 지금

은 '옛 도쿄의 정취'를 느낄 수 있는 독특한 분위기가 풍기는 곳으로 도쿄 산책 마니아들이 즐겨 찾는 장소이기도 합니다.

모리오카 서점과

제국호텔의 쇼트케이크

쇼트케이크를 좋아하시나요? 폭신폭신한 스펀지케이크 위에 듬뿍 올린 생크림, 그리고 먹음직스러운 큼직한 딸기가 올려져 있는 쇼트케이크는 진열장에 넣어 둔 채 한참을 보고 싶을 정도로 아름다운 자태를 뽐내고 있습니다.

일본 쇼트케이크의 기원에 대해서는 여러 이야기가 있지만 가장 유명한 것은 바로 스펀지케이크 위에 생크림을 올리고 딸기로 장식한 쇼트케이크를 후지야不二家가 일본에 널리 퍼트린 해인 1922년을 그 시작으로 보는 이야기입니다. 그런 의미에서 도쿄에는 오래전부터 이곳 사람들에게 사랑받아온 쇼트케이크를 만날 수 있는 곳이 지금도 많이 남아 있습니다.

긴자銀座에서 모리오카 서점森岡書店을 운영하는 모리오카 요시유키森岡督行씨는 쇼트케이크 애호가로도 유명해서 쇼트케이크 명소 25곳을 소개한 『쇼트케이크를 허용하다ショートケーキを許す』를 집필하기도 했어요. 요사이 책을 쓰는 일이 늘어나면서 도쿄에서 독창적인 무언가를 만들어 내는 주인공들과 이야기를 나누는 기회가 많아졌습니다. 그리고 그때마다 좋은 의미의 '편애偏愛'라는 행위가 얼마나 창의적이고 뛰어난 결과물을 세상에 발신하게 되는지에 대해서 생각한 적이 있습니다. 어쩌면 이 책도 그런 좋은

의미의 편애의 결과물로 세상에 나온 주인공이 아닐까 하는 생각이에요. '편애'란 무엇일까요? 사전적인 의미로는 '어느 한 사람이나 한쪽만을 치우치게 사랑함'이라고 나와 있습니다. 그렇다면 '사랑'이란 무엇일까요? 이 세상에 태어난 수많은 존재 중에 어떤 하나를 사랑하는 행위는 무엇일까요?

다이칸야마 츠타야서점에서 위에서 언급한 모리오카씨의 책, 『쇼트케이크를 허용하다ショートケーキを許す』의 팝업 코너가 열리고 있어서 모리오카 씨를 만나기 전에 책을 사고 긴자로 이동합니다. 모리오카 서점으로 가는 길에 책장을 넘겨봅니다. 긴자웨스트 본점銀座ウエスト本店、타카노 후르츠 팔러 신주쿠 본점タカノフルーツパーラー新宿本店, The Okura Tokyo, 긴자셈비키야銀座千疋屋, 야마노우에 호텔 등. 도쿄 디저트 역사를 살펴볼 때 꼭 등장하는 명소들이 나열되어 있어요. 그리고 한 페이지에 시선이 멈춰졌습니다. 그 페이지에는 제국호텔帝国ホテル의 쇼트케이크 이야기가 담겨 있었습니다. 그 페이지를 본 순간, 마음속으로 결심했습니다. '여기에서 쇼트케이크를 먹어 보자'고요.

제국호텔은 1890년에 문을 열었습니다. 막부 시대에서 근대 국가로 탈바꿈하면서 세계 각

155

국 주요 인사들을 접대하는 외교 장소의 하나인 '영빈관' 역할을 한 것이 제국호텔의 시작이라고 해요. 그리고 그 역사에 걸맞게 '호텔 업계 최초'의 타이틀을 가장 많이 가지고 있는 주인공입니다. 마치 수많은 '백화점 업계 최초'의 타이틀을 미츠코시 백화점이 가지고 있는 것처럼요. 특히 1923년에 만들어진 제국호텔 '쇼핑 아케이드'는 호텔뿐 아니라 지금 일본 각지에 있는 상점가 아케이드의 원형이라고 해요. 과거 마를린 먼로, 베이브 루스, 프랭크 시나트라 등 명사들도 즐겨 찾은 곳이기도 합니다.

'쇼핑 아케이드'와 거의 동시에 만들어진 곳이 하나 더 있는데 바로 2대 본관 역할을 한 '라이트관ライト館'이에요. 뉴욕 구겜하임 미술관 설계자로 유명한 프랭크 로이드 라이트의 작품입니다. 1960년대까지 본관 역할을 한 라이트관은 철거 이후 현관 부분만 아이치현의 박물관에 이전 복원되었다고 해요. 그리고 철거된 자리에 1970년 오픈한 3대 본관이 지금까지 이어져 오고 있는 제국호텔의 본관 건물입니다.

모리오카 씨와 이야기를 나눴을 때 1층의 '랑데뷰 라운지 바ランデブーラウンジ・バー'와 17층의 바라운지 '임페리얼 라운지 아쿠아バーラウンジインペリアルラウンジアクア' 모두 추천한다는 이야기

를 듣고 1층 라운지 바를 예약했어요. 여기는 '빛의 조각가'로 불리는 타다 미나미多田美波의 '여명黎明'이라는 대작을 만날 수 있습니다. 이 작품은 크리스탈 글래스 작품으로 1970년에 제작된 이후 줄곧 제국호텔의 로비를 장식하고 있습니다.

예약한 메뉴는 쇼트케이크가 포함된 애프터눈티 세트. 라운지 바의 자리에 앉아서 세트에 포함된 음료 주문까지 마친 후에 주변을 둘러봅니다. 애프터눈티 세트는 대부분 커플로 보이는 손님들이 앉은 테이블에 놓여 있습니다. 많은 사람들이 제국호텔의 1층 라운지 바는 저녁 시간이 분위기가 좋으니 그 때 방문해 보라는 추천을 해 줬습니다. 라운지 바의 공간을 포함해서 그곳에서 이야기를 나누는 사람들의 모습, 그리고 가끔씩 들어오는 도심의 밤 공기가 담긴 향기까지 다양한 요소가 어우러지기 때문인데요. 그 외에도 저녁 6시부터는 피아노 연주도 들을 수 있어서 로맨틱한 분위기를 느낄 수 있다고 합니다. 그런 의미에서 여기에서 애프터눈티 세트를 즐기는 커플이 있다면 저녁 시간대를 추천해 주고 싶기도 합니다.

뭔가 그런 이유도 있어서인지 애프터눈티 세트를 즐기면서 피지카토 파이브Pizzicato Five의 '사쿠라 사쿠라さくら さくら'라는 곡에서 유키무

라 이즈미雪村いづみ가 노래한 "벚꽃잎이 흩날리며 떨어질 무렵 제국호텔의 저 방에서 나는 사랑을 알게 되었다"는 가사가 계속 머릿속에서 재생이 됩니다. 제국호텔의 방에서 사랑을 알게 된 노래의 주인공은 이곳의 쇼트케이크를 먹었을까 하는 상상을 펼쳐 보면서요.

모리오카 씨의 쇼트케이크 책에는 이런 이야기가 나옵니다.

'사랑한다는 것은 무엇일까? 사랑한다는 것은 허용한다는 것. 쇼트케이크를 허용하다. 심오하구나.'

허용은 무언가를 아무 조건 없이 허락하여 너그러이 받아들이는 것을 뜻한다고 합니다. 튼실한 모습의 외관, 택시 승강장의 사인보드, 로비와 라운지바, 지하 아케이드, 그리고 그 구석 한 켠에 자리한 구두 닦는 할아버지 두 분이 앉아 계신 '슈샤인 코너'까지. 이른바 메이저 규모의 호텔을 그다지 선호하지 않지만 이런 제국호텔의 모든 풍경들은 아무런 조건 없이 받아들이고 있다는 사실을 이 호텔을 찾을 때마다 느낍니다. 그런 의미에서 아무래도 저는 제국호텔을 사랑하고 있는 것이 아닐까 해요.

'에비스 가든 플레이스의 BGM',

블루노트 플레이스

©BLUE NOTE JAPAN

JR 에비스惠比寿역 출구 근처에 있는 에비스 동상 앞에 서서 이 동네를 생각해 봅니다. 에비스 동상의 이미지가 잘 떠오르지 않는다면 '에비스 맥주ヱビスビール'를 떠올려 보세요. 거기에 그려진 낚시대와 커다란 빨간 도미를 들고 있는 주인공이 바로 에비스예요. 어업의 신神으로 상업 번창을 기원하는 신이기도 합니다. 마치 시부야역 출구 근처에 자리한 하치코 동상과 같은 지역 상징물과 같은 기능을 하는 이 동상을 보면서 이 동네는 고대 일본의 칠복신 중 하나인 에비스えびす와 어떤 관련이 있는 지역이 아닐까 하는 상상을 자주 했습니다. 하지만 의외로 에비스는 '어업의 신' 에비스가 아닌 앞서 언급한 '에비스 맥주'와 많은 관련이 있는 지역이라고 합니다.

과거 에비스는 '시부야 아랫마을'과 같은 명칭으로 불리던 평범한 농촌 마을이었는데, 19세기 후반 이 주변에 현재 삿포로 맥주サッポロビール의 전신인 일본맥주양조회사日本麦酒醸造会社의 대형 공장이 자리하게 되었습니다. 그리고 1890년 바로 이 공장에서 '에비스'라는 브랜드의 맥주가 생산되기 시작합니다. 지금도 에비스 맥주 캔에 쓰여 있는 'BORN IN 1890, TOKYO'는 역사의 증거이기도 합니다. 평범한 산골 마을

©BLUE NOTE JAPAN

©BLUE NOTE JAPAN

이 석탄 수요가 늘어나면서 대규모 도시로 변모하듯이, 에비스 맥주의 판매가 늘어나면서 조용한 농촌 마을인 이곳에 점차 근대 도시화의 물결이 들어오기 시작합니다. 이와 함께 지역 곳곳에 에비스라는 이름이 쓰여졌다고 해요. 가장 대표적인 예가 공장에서 생산된 맥주를 출하하기 위한 화물역으로 시작한 현재 JR야마노테센의 에비스역입니다. 그 밖에 '맥주 광장ビール広場'이나 '맥주 다리ビール橋'와 같은 당시의 '맥주의 동네' 분위기가 남아 있는 곳들도 이 동네를 다니면서 만날 수 있습니다.

1980년대에 삿포로 맥주의 에비스 공장의 폐쇄가 결정되면서 이 부지의 재개발로 탄생한 곳이 '에비스 가든 플레이스惠比寿ガーデンプレイス'입니다. 그리고 이곳에 독립 영화와 다큐멘터리를 주로 상영하는 에비스 가든 시네마YEBISU GARDEN CINEMA와 사진 전문 미술관인 도쿄도사진미술관東京都写真美術館, 그리고 라이브 홀인 가든홀ガーデンホール과 같은 문화 시설과 미츠코시 백화점, 그리고 에비스 맥주 기념관ヱビスビール記念館과 같은 시설들이 자리하게 되면서 이 주변은 '맥주의 동네'에서 '문화와 쇼핑의 동네'로 변모하게 되었습니다.

©BLUE NOTE JAPAN

그래서 한때 에비스는 영화를 보거나 사진 전시회를 가거나 가끔 좋아하는 뮤지션의 라이브가 있을 때 공연을 보기 위해 찾았던 곳이었어요. 그리고 그때마다 이 주변에서 편하게 식사나 음료를 즐기면서 라이브 공연이나 누군가가 틀어 주는 레코드를 들을 수 있는 공간이 없다는 사실이 한가지 아쉬움으로 남았습니다. 이런 아쉬움을 해소시켜 준 곳이 최근에 에비스에 생겼는데 바로 블루노트 플레이스BLUE NOTE PLACE 예요. 때마침 디스크유니온ディスクユニオン 산하의 재즈 레이블을 운영하고 있는 타니구치 케이스케谷口慶介씨의 디제이 이벤트가 블루노트 플레이스에서 열린다는 소식을 듣고 오랜만에 에비스로 발걸음을 옮겼습니다.

미나미아오야마南青山의 유명 재즈클럽 '블루노트 도쿄BLUE NOTE TOKYO'의 계열 매장인 블루노트 플레이스는 과거 비어 스테이션 에비스였던 붉은 벽돌 건물에 자리하고 있습니다. 건물 외형과 일부 내부 구조는 그대로 살리면서 새로 단장한 인테리어 디자인은 코사카 류小坂竜가 담당. 일본 내 루이비통 매장 카페와 JAL의 공항 라운지 디자인으로 친숙한 주인공입니다.

입구를 들어가서 안내 데스크에서 예약 확인을 하고 겉옷과 짐을 맡긴 후에 천천히 매장

©BLUE NOTE JAPAN

©BLUE NOTE JAPAN

안을 둘러봅니다. 와인셀러와 디제이 부스를 지나면 펼쳐지는 1층은 약 100석의 좌석과 무대가 자리한 확 트인 공간입니다. 이곳에서 일본과 해외의 젊은 세대의 뮤지션의 라이브 그리고 도쿄의 유명 디제이들의 디제잉을 즐길 수 있습니다. 기본적으로는 테이블 차지 1,100엔과 주문하는 음식과 음료 비용만으로 이 모든 것을 즐길 수 있어요. 이 날은 라이브와 디제잉 이벤트가 함께 있어서 '디제잉 - 라이브 1부 - 디제잉 - 라이브 2부 - 디제잉'의 순서로 진행이 되었습니다. 일반적인 도쿄의 라이브 하우스나 클럽의 경우 1부와 2부의 티켓 자체를 별도로 판매하고 있어요. 따라서 1부 티켓을 구매한 손님들은 1부 공연이 끝나면 퇴장을 하고 대신에 2부 티켓을 구매한 손님들이 들어오는 구조인데, 블루노트 플레이스는 이 전체를 즐길 수 있는 것이 큰 매력으로 다가옵니다.

또한 직접 스테이지가 보이지 않는 1층 라운지나 2층의 소파 자리는 음악만을 들으면서 에비스의 야경을 창밖으로 보거나 일행과 이야기를 나누면서 식사를 할 수 있는 구조로 되어 있어요. 보통 이러한 레스토랑의 형태인 경우 BGM은 디지털 음원이나 아날로그 레코드의 음원이지만 이곳은 악기로 연주하는 라이브 음악

©BLUE NOTE JAPAN

이 BGM으로 기능하고 있다는 것이 큰 특징이라는 생각도 들어요.

블루노트 플레이스의 또다른 특징은 폐쇄적이지 않은 공간입니다. 야외 페스티벌이나 공공장소에서 열리는 무료 공연과 같은 형태가 아닌 일반적인 공연은 티켓을 구매해서 관람하는 관람객들을 위한 일종의 '폐쇄성'을 지니게 됩니다. 하지만 블루노트 플레이스는 뮤지션의 리허설부터 본 공연에 이르기까지의 모든 사운드가 무대 뒤로 펼쳐진 커다란 유리창을 통해 에비스 가든 플레이스를 걷는 사람들에게 고스란히 들리는 구조로 되어 있어요. 따라서 어떤 의미로는 '에비스 가든 플레이스의 BGM'의 역할도 함께하고 있습니다.

야외 재즈 페스티벌에서 듣는 라이브, 아날로그 레코드, 디제잉 문화가 시민권을 얻고 있는 지금, 블루노트 플레이스는 지금의 도쿄에서 가장 추천하고 싶은 공간 중 하나입니다. 무엇보다도 그동안 자주 찾을 일이 없었던 저부터 에비스를 종종 들르게 되지 않을까 하는 기분이 듭니다.

토라노몬 산책과
시바공원

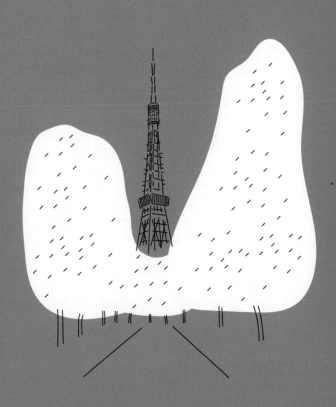

'최근 도쿄에서 상징적으로 변하고 있는 주목할 만한 거리'는 오래전부터 자주 들어 온 테마입니다. 세간의 주목을 받는 랜드마크가 생긴다거나, 독창적이고 재미있는 가게들이 집중적으로 들어선다거나, 감각 있는 젊은이들의 놀이터로 기능하고 있는 것과 같은 다양한 이유로 소개되고 있는 길이나 지역들로 설명할 수 있습니다. 21세기에 들어서 새롭게 등장한 요요기하치만代々木八幡부터 토미가야富ヶ谷를 거쳐 우다가와쵸宇田川町까지 이어지는 '오쿠시부야奥渋谷'나 시모기타자와下北沢에서 산겐자야三軒茶屋로 이어지는 '챠자와도오리茶沢通り'가 대표적인 예입니다.

그리고 최근 도쿄올림픽 개최를 전후로 주변 사람들에게 가장 많이 듣고 있는 도쿄의 주목할 만한 지역이 바로 토라노몬虎ノ門과 신바시新橋를 연결하고 있는 중심 거리인 '신토라도오리新虎通り'와 그 주변 지역이에요. 오래전부터 주요 관공서나 오피스 빌딩 그리고 이곳에서 근무하는 직장인들을 위한 가게들이 모여 있는 이 주변이 시부야와 함께 요사이 가장 크게 변화하고 있는 도쿄 지역 중 하나로 부상하게 되었습니다. 가장 큰 이유 중 하나는 바로 이 신토라도오리라고 불리는 도로가 올림픽 선수촌과 각 경기장을 이어 주는 길이기 때문이라고 해요. 관련

자료를 검색하면 거리 조성을 준비할 때부터 진행한 것으로 보이는 국가 전략 특별 구역에 관한 회의 기록도 나올 정도예요. 21세기의 도쿄 올림픽에 맞춰서 새로운 얼굴로 탈바꿈하는 지역으로 개발이 되고 있는 곳이라는 기분이 들었습니다.

1964년 도쿄 올림픽 때는 주일 미군이 주둔했던 워싱턴하이츠를 올림픽 선수촌으로 변경했고, 올림픽 이후 지금의 요요기공원이 만들어졌습니다. 이 시기에 맞물려 주변 지역인 하라주쿠原宿, 오모테산도表参道, 아오야마青山, 시부야渋谷가 새로운 문화를 발신하는 중심지로 작용했다는 역사의 2020년대 버전이 신토라도오리가 아닐까 합니다. 따라서 지금보다는 미래에 이곳이 어떤 모습으로 탈바꿈할지가 궁금해지는 장소이기도 합니다.

무라카미 하루키나 안자이 미즈마루가 도쿄를 이야기하는 에세이에서 종종 등장하는 오모테산도, 아오야마, 진구마에神宮前의 모습을 보면 지금의 야네센과 같은 옛 정취를 풍기던 조용한 동네가 유행의 중심지로 변모하는지를 간접적으로 체험할 수 있습니다. 오모테산도역 옆 파출소 주변에 고양이가 가만히 햇볕을 쬐고 있었다는 사실을 지금의 이 주변을 보면 상상하기

어렵습니다. 어쩌면 토라노몬 주변도 그리 변할지도 모르겠어요. 특히 2023년에 완공될 예정인 '힐즈' 시리즈의 결정체인 '아자부다이 힐즈'가 오픈을 하고 나면 지금의 모습이 상상 되지 않을 정도로 몰라보게 변모하지 않을까 합니다.

그런 의미에서 요즘은 이 '신토라도오리'라는 지역 주변을 걸을 때마다 과거부터 지금까지 이어져 온 이 동네의 풍경과 정취를 눈에 담고, 느끼려고 하고 있어요. 도쿄에서 '원조 커피 거리'로 유명한 이 동네의 대표 커피 전문점인 1918년에 창업한 '마츠야커피松屋珈琲', 명물 마스터와 점보푸딩ジャンボプリン으로 레트로 킷사텐 팬들에게 유명한 '헥케룬ヘッケルン(1971년 창업)', 타이쇼우大正 원년인 1912년에 신바시新橋에서 창업한 것을 그대로 상호로 사용했다고 하는 화과자 가게인 '신쇼우도우新正堂', 도쿄를 대표하는 노포 소바 가게인 '스나바砂場(1872년 창업)' 같은 장소들이 그런 대표적인 예가 아닐까해요. 그 밖에 보통 산책을 하면서 들르는 곳들, 그리고 도쿄 지인들이 추천해 주는 곳들도 이같은 맥락의 장소들이 많습니다.

물론 앞으로도 신토라도오리 주변에서 변함없이 같은 풍경을 보여 주는 곳들도 있을 거예요. 그 대표가 바로 시바공원芝公園입니다. 도

쿄타워를 배경으로 사진 찍기 좋은 곳으로 알려진 공원이에요. 그리고 '도쿄의 근대 공원'이라는 테마로 본다면, 가장 역사가 깊은 공원으로도 유명합니다. 시바공원이 문을 연 것은 1873년 10월 19일. 이 날은 도쿄 최초의 근대 공원 5곳이 동시에 개장한 날입니다. 이후 다양한 이유로 하나 둘 제외시키고 남은 두 곳이 우에노공원上野恩賜公園과 시바공원으로, 도쿄에서 가장 오래된 공원으로 기억하시면 좋을 것 같습니다.

도쿄 최초의 서양식 공원이 1903년에 개장한 히비야공원日比谷公園이기 때문에, 그 이전에 만들어진 이 근대 공원들은 대부분 사찰이 있는 부지에 만들어졌습니다. 그래서 시바공원은 조우쬬우지增上寺라는 정토종浄土宗의 대표 사찰과 그 이웃한 도쿄 프린스호텔이 있는 부지를 타원형으로 둘러싼 형태로 만들어져 있습니다. 이 타원형 부지가 1호지부터 25호지까지 다양하게 나뉘어져 있는데요, 그중에서 도쿄타워 촬영 스팟으로 유명한 곳은 1호지와 4호지입니다. 개인적으로 공원 중심과는 떨어진 작은 공간에 초등학교와 어린이공원 그리고 도서관이 모여 있는 4호지를 조금 더 추천합니다. 4호지는 시바공원 역이 아닌 토에이미타센都営三田線 오나리몬御成門역 A6번 출구에서 바로예요. 출구에서 나오면

보이는 입구에 서서 도쿄타워를 배경으로 두고 기념 사진 촬영을 하는 것도 추천합니다. '도쿄 최초의 근대 공원'과 '도쿄타워'. 이 두 개는 왠만해서는 도쿄에서 사라지지 않을 것 같거든요. 거리가 변하면서 자주 다니던 가게도 사라지고 그에 따라 추억을 공유할 수 있는 공간이 없어지는 아쉬움이 적어도 '도쿄 최초의 근대 공원'에서 '도쿄타워'를 배경으로 찍은 사진 속에는 없을 것 같아요. 21세기의 도쿄 올림픽이 열리는 과정을 바라보면서 가끔 이런 생각을 하면서 산책을 하기도 합니다. 당분간 토라노몬 주변 산책의 숙명 같은 생각도 듭니다.

휴식이 필요할 때 찾는 미술관,
센오쿠하쿠코칸

록폰기六本木를 미술의 거리로 인식하기 시작했던 시점이 언제였는지 생각해 봅니다. 원래에도 시대만 해도 이 주변은 각 지방을 다스리는 무신 계급인 다이묘大名 가문의 저택들이 자리한 곳이었다고 해요. 근대화가 진행되면서 이곳들은 신식 군대가 주둔하는 병영이나 기업가들의 저택 그리고 외교관들을 위한 대사관저로 사용되었고, 제2차 세계 대전이 종료된 후에는 대부분의 병영에 미군들이 주둔하게 됩니다. 그리고 이와 발맞춰 미군들을 위한 레스토랑, 클럽, 바 그리고 잡화점과 골동품 가게들이 들어서면서 지금과 같은 '외국인으로 북적이는 거리'의 분위기를 갖추게 되었다고 해요. 1950년대 중반부터는 이런 가게들에 내국인들도 드나들 수 있게 되었고, 대표적인 예가 당시 미군 부대 주변을 다니던 아키요시 토시코秋吉敏子, 와타나베 사다오渡辺貞夫와 같은 재즈 뮤지션들이었습니다.

또한 1959년에 록폰기에 테레비아사히テレビ朝日 방송국이 생기면서 방송 관계자들을 시작으로 방송에 출연하는 연예인들, 그리고 그들을 따라다니는 젊은 팬들이 모이는 공간으로 변모하게 됩니다. 얼마나 화려한 공간이었는지 1970년대 후반에 대학 생활을 보낸 소설가 오사와 아리마사大沢在昌가 당시 록폰기 주변의 풍경을

매일이 크리스마스 이브 같은 분위기라고 표현한 기록도 남아 있습니다. 당시 록퐁기가 새로운 젊은 세대의 트렌드 발신지였다는 사실을 짐작할 수 있습니다. 그런 의미에서 잡지 『POPEYE』가 1976년 창간 당시에 편집부 사무실을 록퐁기교차로 근처로 잡은 이유도 이해가 갑니다. 1983년에는 영화관, 서점, 레코드와 CD를 판매하는 음반매장이 한 곳에 자리한 록퐁기웨이브 六本木WAVE가 등장하면서 이 주변은 유흥을 즐길 수 있는 거리이지만, 그 안에는 지적이고 세련된 분위기가 담겨 있었어요. 현재 록퐁기역 교차로 주변에 있는 마치 신주쿠 카부키쵸와 같은 유흥시설이 가득한 분위기로 된 것은 1990년대 버블 붕괴 이후의 모습이라고 합니다.

이후 이런 유흥 시설의 분위기를 전환하기 위한 록퐁기 주변의 재개발이 진행되었습니다. 그리고 이 과정 속에서 과거 다이묘 가문의 저택과 병영으로 사용되었던 공간에 2003년에 록퐁기힐즈六本木ヒルズ, 2007년에는 도쿄미드타운 東京ミッドタウン과 같은 주상 복합 시설들이 들어서게 됩니다. 당시 록퐁기 주변의 재개발을 계획할 때에 '우에노와 같은 아트 스페이스'로의 구상이 있어서 모리미술관이 록퐁기힐즈에 생기고 당시 아카사카에 있던 산토리미술관이 도쿄

미드타운으로 이전 오픈을 하게 됩니다. 비슷한 시기인 2007년에 이들 근처에 국립신미술관이 오픈하면서 '아트 트라이앵글'이라는 커다란 삼각지대가 형성되게 되었습니다. 그리고 이 즈음부터 전시를 보기 위해 롯폰기 거리를 다닌 기억이 있어요.

지금도 도쿄 일정 중에서 전시를 보려고 할 때는 먼저 아트 트라이앵글 주변을 체크합니다. 하지만 요즘은 이 미술관들을 가기 위해서는 사전에 많은 '준비'를 하고 미술관으로 향합니다. 뭐랄까요, 입장 전에 오랫동안 기다리면서 줄을 서고, 막상 전시장에 들어가면 작품보다는 사람만 보다가 나오는 일련의 과정을 힘들어하는 지극히 개인적인 성격의 문제라는 생각이 들기는 하는데요. 그런 상황을 피하기 위해 전시장을 찾는 요일이나 시간대를 철저하게 체크하는 '준비' 작업을 거친 후에 찾고 있어요. 조용히 동네를 거닐다가 잠깐 시간내서 전시나 보고 커피나 마셔 볼까 하는 마음으로 들르기에는 현실적인 어려움이 존재하는 미술관들입니다.

그래서 이런 동네 산책 속의 전시 감상을 편하게 하기 위해서 요즘은 롯폰기 중심가에서 조금 벗어난 지역을 주로 찾고 있습니다. 카미야쵸神谷町역에서 토라노몬힐즈虎ノ門ヒルズ역, 그리

고 롯퐁기잇쵸메六本木一丁目역으로 둘러싸여진 동네입니다. 행정구역상으로는 아카사카赤坂, 토라노몬, 롯퐁기, 아자부다이麻布台로 구성되어 있습니다. 보통은 하루 일과를 마무리하는 늦은 오후나 해질 무렵에 주로 이 주변을 걸어요. The Okura Tokyo를 비롯한 대형 호텔과 대사관, 그리고 오피스빌딩이 모여 있는 공간으로 클래식 공연장으로 유명한 산토리홀サントリーホール과 같은 문화 시설이 자리하고 있는 조용한 동네입니다. 특히 최근에는 이 지역에 '센오쿠하쿠코칸도쿄泉屋博古館東京'가 리뉴얼 오픈을 해서 자주 찾고 있어요.

'센오쿠하쿠코칸'은 스미토모 가문의 중국 고대 청동기 컬렉션을 중심으로 교토에서 개관한 미술관입니다. 에도 시대에 스미토모 가문이 사업을 했을 때의 상호인 센오쿠泉屋와 중국 송나라때 황제가 만든 청동기 도록인 '박고도록博古圖錄'에서 인용한 하쿠코博古를 조합한 것이 미술관 이름의 유래예요. 이후 2002년에 스미토모 가문의 아자부 저택 자리에 도쿄 분관을 오픈했어요. 전시실 2개 규모로 구성된 '도쿄 분관'과 같은 작은 공간으로 시작했는데, 2022년 리뉴얼 작업을 통해 4개의 전시실 공간과 독립된 공간의 아트샵, 그리고 카페가 만들어지면서

하나의 미술관 형태가 갖춰졌고, '분관'이라는 이름 대신에 '센오쿠하쿠코칸 도쿄'로 불리게 되었습니다.

미술관을 찾았을 때 마침 리뉴얼 오픈의 기념전으로 스미토모 컬렉션의 정수라고 할 수 있는 중국 청동기를 전시하고 있어서 '센오쿠하쿠코칸'의 기반이라고 할 수 있는 작품들을 감상할 수 있었습니다. 스미토모 컬렉션의 시작은 15대 당주가 청동기와 녹차를 좋아해서 자신의 공간이 이를 장식하기 위해 수집한 것이거나 외부 손님을 위한 환대의 마음으로 수집한 것이 그 시작이라고 합니다. 또한 청동기 컬렉션의 경우는 스미토모의 가업이 구리 제련업에서 발전한 점과도 연관되어 있다고 해요. 따라서 기본적으로 컬렉터 자신의 '가업'과 '생활'이라는 두 가지를 바탕으로 자신의 취향에 맞는 작품들을 하나하나 모으기 시작하면서 만들어진 것이 아닐까 하는 생각이 들었습니다. 어쩌면 요즘 유행하는 단어인 '디깅'에 가까운 행위라는 생각도 들어요.

그 외에도 19세기 후반에 유럽 시찰 여행 시, 당시 유럽의 생활을 보고 저택에 서양관을 지어서 각각의 방에 어울리는 회화들을 구매해서 걸어 뒀던 작품의 일부도 지금의 컬렉션에 포함되어 있습니다. 저택의 회화를 당시에는 서

양 문물을 경험할 수 없었던 일본의 학생이나 젊은 화가 그리고 지역 어린이들에게 보여 주는 활동도 했다고 합니다. 따라서 조금은 비현실적인 공간인 테마파크에 가는 듯한 기분의 대형 전시가 아니라 평소 생활 속에서 이웃 집에 들러서 시간을 보내면서 만날 수 있는 일상 속의 미술 작품이 전시된 미술관이라는 매력도 있어요.

전시를 보고 나면 바로 옆에 있는 미술관 병설 카페인 'HARIO CAFE'에서 잠시 커피를 마시는 시간을 가집니다. 1921년에 창업한 내열 유리 제품 브랜드인 'HARIO'의 직영 카페로 커피 팬들에게는 친숙한 HARIO의 기구로 내린 커피와 차를 마시면서 과거 스미토모 가문 저택의 정원이었던 공간을 가만히 바라보는 시간을 가집니다. 별장으로 쓰였던 당시의 나무들이 지금까지 그대로 남아 있기도 해서 아주 오래전 조용한 주택가였던 이 주변의 분위기를 잠시 체험할 수도 있어요. 미술관과 닮아 있는 아담하고 기분 좋은 편안함이 담겨 있는 공간이에요. 카페의 경우는 미술관이 휴관일때도 이용이 가능해서 식사 후에 잠시 커피를 마실 때 들르기도 좋습니다.

미술관을 다 돌고 난 후 도쿄에서 이 정도로 휴식을 취하고 싶은 미술관은 아마 없지 않

을까 하는 생각이 들었습니다. '센오쿠하쿠코칸 도쿄'와 함께 이 주변에 있는 오오쿠라슈우코칸大倉集古館과 키쿠치 칸지츠 기념 토모미술관菊池寛実記念 智美術館은 '작은 아트 트라이앵글'이라고 불리고 있다고 해요. 기본적으로는 개인 컬렉션의 미술관이라서 규모도 비슷하고, 세 미술관이 가까운 거리에 자리하고 있습니다. 전시를 보면서 지치지 않을 정도의 적당한 규모의 공간에서 여유롭게 전시를 볼 수 있는 것이 이 세 미술관의 공통적인 감각이에요. 그리고 이것이 요즘 즐겨 찾고 있는 록퐁기 중심가에서 조금 벗어난 지역에 존재하는 작은 아트 트라이앵글의 매력입니다. 이 동네에 아자부다이힐즈麻布台ヒルズ가 들어서면 또 어떤 모습으로 변할지 모르겠지만요. 아자부다이힐즈의 콘셉트 중 하나가 '힐즈 지역 자체의 박물관화'라는 것도 있기 때문에 기존에 있던 미술관들과 잘 어우러지는 공간으로 만들어지기를 바라고 있습니다.

이 동네의 미술관 산책을 마친 후에 식사를 해야 한다면 키안티Chianti나 니콜라스 피자하우스ニコラスピザハウス 같은 파스타나 피자 메뉴를 즐길 수 있는 이탈리안 레스토랑으로 정합니다. 두 곳 모두 1950-60년대에 이 주변을 화려하게 장식했던 레스토랑이에요. 1960년에 오픈한

키안티는 개업 당시부터 도쿄의 대표적인 문화계 인사들이 모이는 살롱 같은 역할을 한 곳으로, 입생로랑Yves Saint Laurent도 도쿄에 방문했을 때 자주 찾았던 레스토랑으로 유명합니다. 새로 오픈하는 아자부다이힐즈 바로 근처에 있어서 이 주변을 둘러본 후에 들르기도 좋은 곳이에요. 1954년에 오픈한 니콜라스 피자하우스는 일본에서 처음으로 피자를 소개한 가게로 유명합니다. 조용한 주택가였던 롯폰기에 바, 클럽, 레스토랑과 같은 가게들이 속속 들어서게 되는 계기를 마련한 곳으로 알려져 있어요. 롯폰기잇쵸메역 근처에 있던 매장은 2018년도에 문을 닫았고 지금은 신바시新橋역 근처에서 운영하고 있습니다. 롯폰기 주변의 역사를 따라가는 산책을 마무리하기에 좋은 곳들이라는 생각이 들어요.

주민들의 마음을 움직이는

가게가 되고픈,

Marked

'좋은 가게의 기준은 뭘까?'. 잠시 자리에 앉아서 화상 미팅을 하기 위해 마루노우치丸の內의 카페 몇 군데를 돌아봤지만 다들 사람들로 가득 차 있는 풍경을 확인하고 나서 들었던 생각입니다. '나에게 좋은 가게란 과연 어떤 가게일까'라고 말이죠. 점심 시간은 훌쩍 지난 늦은 오후였지만, 아무래도 마루노우치에서는 자리를 잡을 수 없을 것 같아서 서둘러 오오테마치大手町로 이동합니다. 오래전부터 신문사들이 모여 있는 거리로 유명한 오오테마치는 사방에 높은 오피스 빌딩으로 가득한 공간이라 건물마다 업무를 하거나 미팅을 할 수 있는 '편의 시설'로서의 카페가 많이 있습니다. 물론 주변 지역인 마루노우치나 니혼바시에 있는 유행을 선도하는 카페나 아와지쵸淡路町나 진보쵸神保町에 자리한 역사 깊은 킷사텐과 같은 공간을 발견하긴 어렵지만, 이렇게 갑자기 어딘가 자리를 잡아야 한다면 가장 제격인 지역입니다. 아마 이 순간만큼은 저에게 가장 좋은 가게라면 바로 오피스 빌딩에 있는 대형 커피 체인점이 아닐까요. 그리고 어쩌면 자신의 생활 환경에서 가장 알맞은 공간이 바로 각자에게 좋은 가게라는 생각도 해봅니다.

자리를 잡고 서둘러 커피를 주문한 후에 화상 미팅을 연결합니다. 곧이어 이시와타리 야스

츠구石渡康嗣 씨가 화면에 등장합니다. 도쿄 중심지의 빌딩 숲 속에 있는 건물 속에 틀어박혀서 보고 있는 화면너머의 이시와타리 씨가 있는 곳은 어디 숲 속인가 싶을 정도로 교토의 고즈넉한 분위기가 전해지고 있었습니다. 기본적으로 도심을 좋아하지만 이 때 만큼은 교토에 가고 싶은 생각이 들었습니다.

블루보틀 커피Blue Bottle Coffee가 첫 해외 진출 도시로 선정한 도쿄에서 매장을 전개했을 때, 브랜딩부터 마케팅, 로스팅과 카페 운영까지 매니지먼트 전반을 담당한 주인공이 바로 이시와타리 씨입니다. 블루보틀에 관여한 시기는 초창기 두 매장인 키요스미시라가와淸澄白河와 아오야마青山 지점이었다고 합니다. 이후 직접 경영하는 주식 회사 WAT를 통해 도쿄 각지에 요식업 관련 매장을 기획·운영하는데요, 그 가운데 가장 친숙한 곳이 바로 진구마에神宮前에 있는 커피라이츠 오모테산도Coffee Wrights表参道입니다. 건물 벽에 큼지막하게 'COFFEE & DOUGHNUTS' 가 적혀 있는 바로 그곳이에요. 이 두 프로젝트가 아마도 이시와타리 씨가 담당한 업무를 가장 이해하기 쉽게 소개해 주는 사례가 아닐까 합니다.

앞서 언급한 프로젝트 사례의 영향도 있을지 모르겠지만 한동안 이시와타리 씨와는 서드웨이브 커피나 빈투바 초콜릿 그리고 크래프트 계열의 베이커리 등 이른바 샌프란시스코의 크래프트 요소가 서울과 도쿄에 어떤 느낌으로 전개되고 있는지에 대한 이야기만 했던 기억도 있어요. 도쿄의 초창기 블루보틀 커피와 커피라이츠를 전개한 이야기까지 듣다 보면 이시와타리 씨가 담당한 프로젝트에는 공통적인 감각과 기조가 있다는 것을 느끼게 되었습니다. 바로 브랜드가 지니고 있는 고유의 이념을 바탕으로 매장이 들어설 지역과 어울리는 공간을 만들어서 지역의 사람들이 모이고 소통함으로써 보다 윤택한 생활이 가능한 동네로 만들어 가는 일련의 과정이 공통적으로 포함되어 있습니다. 하나 재미있게 느낀 점은 이들 매장에는 좋은 의미로 타겟층이라는 것이 명확하지 않다는 점입니다. 유모차를 타고 온 아기부터 지팡이를 짚고 오시는 어르신까지 동네를 구성하는 보통의 구성원들이 매장 안에서 어우러지는 모습을 종종 볼 수 있어요. 그래서 기회가 될 때마다 이시와타리 씨의 최근 프로젝트를 살펴보고 추천을 받아서 다니고 있어요. 화상 미팅을 연결한 이유는 이시와타리 씨가 가장 최근 진행한 프로젝트 중에

추천해 준 마크드Marked의 이야기를 조금 더 자세히 듣기 위해서였습니다.

마크드는 2021년에 스미다구墨田区의 혼죠本所라는 지역에 1호점을, 2022년에 캣스트리트에서 미야시타파크로 나가는 길목에 자리한 시부야캐스트渋谷キャスト에 2호점을 오픈했습니다. 덴마크어로 '시장'이라는 뜻인 마크드는 '좋은 사람이 만드는 좋은 품질의 제품(Goodies by good ones)'을 콘셉트의 동네 커뮤니티 마켓입니다. 조금 더 이해하기 쉽게 적어 보자면 '일본과 해외 각지의 좋은 취향을 지닌 생산자들이 만든 제품이 있는 편하게 들를 수 있는 동네 시장 같은 식료품점'이에요. 이시와타리 씨는 일반적으로 기업이 운영하는 매장과 고객 사이에는 컴플레인이 존재하지만 친한 친구 사이에는 그런 것을 거의 찾을 수 없다는 것을 발견했다고 해요. 그래서 이를 바탕으로 생산자의 취향과 소비자의 생활 감각을 밀접하게 접목시켰다고 합니다. 또한 그 속에서 발생하는 연결하고(communicate), 생산하고(produce), 순환하는(circulate) 과정을 통해 보다 나은 마을 공동체를 만들어 가는 것이 목적입니다.

제철 채소와 과일을 시작으로 빵과 파스타, 다양한 조미료, 커피와 와인까지 일반적으로 시

장이나 마트에서 볼 수 있는 식료품들을 만날 수 있습니다. 다만, 하나 특징이 있다면 이 제품과 소비자의 관계가 '기업과 개인'이 아닌 '개인과 개인'에 가깝다는 것이에요. 가령 이곳에 진열되어 있는 채소나 과일 중에는 마크드의 스태프가 가능한 직접 농가에 방문해 생산자와 함께 재배하고 수확한 것을 판매하고 있다고 해요. 이 에피소드를 듣고 나니 도쿄의 도심 한가운데에 있는 시부야의 매장에 있는 먹거리가 더욱 신선한 기분이 들기도 합니다. 마크드의 탄생 배경 중 하나는 생산자의 마음을 소비자에게 전달하는 것이고, 다른 하나는 펜데믹 시기에 많은 음식점들의 운영이 어려워지면서 대량으로 발생한 잉여 농산물의 선순환 모델이라고 합니다. 이 두 가지 모두 농가의 마음을 이해하기 위한 것입니다. 이런 마음이라면 과일이나 채소가 만들어지기까지 얼마나 많은 수고가 들어가는지를 스태프들이 직접 체험하는 것은 어쩌면 당연한 과정이라는 생각도 듭니다. 이런 과정을 통해 수확한 것들을 카페에서 음식으로 만들거나 매장에서 판매를 하고 있으니, 소비자 입장에서 안심하고 음식을 주문하거나 농산물을 구매할 수 있지 않을까 하는 기분도 듭니다.

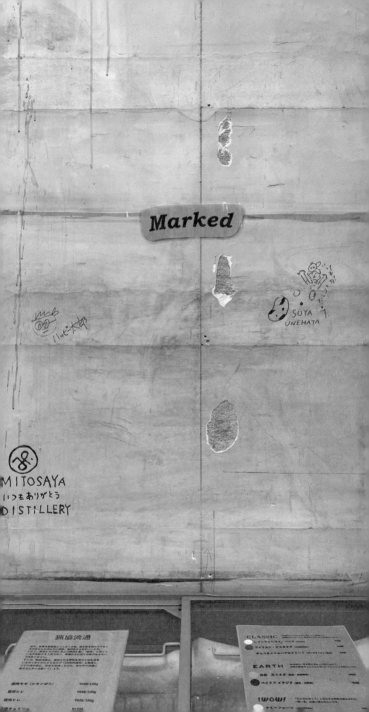

이시와타리 씨는 건전한 가치를 지닌 식재료를 편하게 구입할 수 있는 매장을 통해 동네 주민들의 마음을 움직이는 사회적인 임팩트를 통해 동네를 활성화시키고 안심하며 생활할 수 있는 공간으로 만들어 가고 싶다는 희망이 있다고 합니다. 그리고 이런 희망을 각지에 마크드를 오픈하면서 실현시키려는 목표를 가지고 있다고 해요. 혼죠와 시부야의 마크드를 둘러보면서 제 기준으로는 신뢰할 수 있는 식료품 가게와 카페가 하나 늘었다는 기분이 들었습니다. 특히 시부야 매장은 출장 때 자주 들르는 지역 안에 있기도 해서 자주 찾고 싶은 곳이에요. 햇살 좋은 아침에 테라스가 있는 곳에 앉아서 시부야의 거리를 보면서 여유롭게 식사를 하는 것도 스스로의 생활 패턴을 생각해 봤을 때 꽤 괜찮은, 기분 좋은 도쿄의 하루 시작이 될 것 같습니다. 빠른 시일 내에 마루노우치에도, 니혼바시에도, 아와지쵸에도, 진보쵸에도, 마크드가 생기면 좋겠습니다.

미나 페르호넨의 가치관을
경험하고 싶다면,
call

오모테산도表参道 주변에는 항상 관광객들로 가득합니다. 관광객이라고 하면 외국인들을 떠올리기 쉽지만 지금 이야기하는 관광객은 조금은 넓은 범위를 지칭하고 있습니다. 해외에서 도쿄를 찾는 외국인뿐 아니라 일본의 각 지방에서 도쿄를 찾는 일본인, 도쿄의 외곽 지역에서 시내 중심지를 찾는 도쿄인까지도요. 이런 사람들이 매일같이 오모테산도역에서 메이지진구마에明治神宮前역으로 이어지는 큰 길 사이를 가득 채우고 있어요. 그래서 이 주변을 걸을 때마다 '정말 여기는 일상과는 거리가 먼 공간'이라고 느낍니다. 그리고 그와 동시에 이 주변에서 편안하게 일상을 보낼 수 있는 곳들을 찾으러 서둘러 발걸음을 옮기고는 합니다. 물론 미나미아오야마南青山와 가이엔마에外苑前 그리고 센다가야千駄ヶ谷와 같은 대부분은 중심가에서 벗어나는 지역까지 가야지만 만날 수 있기는 하지만요.

헤이든북스HADEN BOOKS:는 그런 비일상의 거리에서 일상의 거리로 향하는 과정에서 만나게 된 공간이에요. 과거 네즈미술관 교차로 근처인 미나미아오야마의 작은 골목 안에 있던 도쿄에서 가장 아름다웠던 카페로 기억되는 곳입니다. '국제 꽃꽂이 회관国際いけ花会館'으로 1973년에 탄생한 건물을 리노베이션한 이곳은 서점

과 전시장과 카페와 공연장이 어우러진 분위기였어요. 지금 돌이켜 보면 오너인 하야시타 에이지林下英治 씨의 취향이 담긴 살롱과 같은 역할을 한 공간이 아니었을까 하는 생각도 해 봅니다. 또 하나는 오모테산도와 아오야마 주변의 동네 안내소와 같은 역할을 했던 공간이었어요. 커피를 마시러 헤이든북스에 들르면 하야시타 씨는 도쿄의 동네 이야기부터 레코드, 전시, 책, 음식점 등 많은 소식과 이야기를 들려주었습니다. 이렇게 하야시타 씨의 소개를 받고 다시 도쿄의 거리 속으로 나가곤 했어요. 아마도 하야시타 씨와 많은 부분에서 취향의 공통 분모가 있기 때문이지 않을까 합니다. 그래서 도쿄에 가면 꼭 한 번은 들르는 곳이 바로 헤이든북스예요. 한 번의 휴업 기간을 걸쳐 재오픈한 헤이든북스이지만 과거와 크게 변한 것은 없습니다. 하나 정도 들자면 네즈미술관과 밀레Miele의 매장을 보면서 찾아갔던 풍경이 스텔라 매카트니Stella McCartney, H BEAUTY&YOUTH, 피자 슬라이스PIZZA SLICE 그리고 현재 헤이든북스가 자리하고 있는 LOVELESS아오야마LOVELESS青山 매장 풍경으로 바뀌었달까요?

그 날도 어김없이 헤이든북스에 들러서 항상 마시는 초콜릿이 들어간 아이스 카페 모카

minä perhonen
minagawa akira

つづく

©Manami Takahashi

커피를 주문한 후에 하야시타 씨와 이런저런 이야기를 나누고 있었어요. 그리고 그 이야기 속에서 하야시타 씨에게 소개를 받은 곳이 스파이럴 SPIRAL에 자리한 미나 페르호넨minä perhonen의 매장 'call'이었어요. 이곳 매장과 병설 카페의 선곡을 매달 하야시타 씨가 하고 있다는 내용도 함께 들었습니다. 사실 복식 문화에 관심은 있지만, 패션 감각은 전혀 없기 때문에 의류 브랜드에 대해 잘 모릅니다. 그래서 한동안은 미나 페르호넨도 '탬버린tambourine'과 같은 뛰어난 텍스타일 디자인을 선보이는 브랜드 정도로만 인식하고 있는 정도였어요. 그나마 이 정도의 인식이 가능했던 것은 한창 도쿄에서 '민예民藝'를 파고들었던 시절에 봤던 오키나와의 오래된 직물이나 유노키 사미로柚木沙弥郎의 날염捺染에 가졌던 관심이 자연스럽게 옮겨 간 것이 주요하지 않았을까 합니다. 이후, 도쿄도현대미술관東京都現代美術館에서 열린 미나 페르호넨의 전시인 '츠즈쿠つづく', 이데IDÉE와의 프로젝트인 'POOL', 바구로쵸馬喰町의 미나 페르호넨 매장인 'elävä'와 같은 미나 페르호넨 관련 이야기들을 접하면서 조금씩 알게 되었어요. 민예를 생각했을 때 떠오르는 키워드가 몇 개 있는데 바로 '일상생활', '공예적인 창작', '수집', '공유와 발신', '계승'이에요. 그

리고 이 미나 페르호넨이라는 브랜드는 민예와 많은 부분이 닮아 있다는 생각을 한 적이 있습니다.

'call'은 스파이럴의 5층에 자리하고 있습니다. 차 마니아에게 유명한 '사쿠라이 호우지차 연구소櫻井焙茶研究所'와 같은 층에 있어요. 매장 명칭인 'call'에는 미나 페르호넨에서 생활 속에 기분 좋은 것들을 불러 모은다는 'call'의 의미와 생산자의 철학과 공감할 수 있는 것들을 가까이 불러들인다는 'creation all'의 의미가 함께 담겨 있습니다. 콜렉션 라인과 텍스타일과 같은 미나 페르호넨 제품 판매를 비롯해 일본 각지에서 활동 중인 장인들의 작품을 전시 판매하는 매장과 식재료 생산자들의 제품을 판매하는 마켓 그리고 카페 '집과 정원家と庭'으로 구성되어 있어요.

매장에는 신작과 함께 예전 아카이브도 판매하고 있습니다. 미나 페르호넨의 큰 특징 중 하나는 세일을 하지 않는다는 점이에요. 그 이유는 6개월 만에 옷의 가치가 변하지 않는 것과 아무리 지난 시즌 제품이여도 세일을 하게 되면 제작 당시의 사람들의 노동력을 낭비하는 것과 같기 때문이라고 합니다. 예전 시즌의 제품이라도 정성껏 만든 제품이기 때문에 그 노동의 가치를 버릴 수 없다는 이야기겠지요. 따라서 매

장을 둘러보면 새로 나온 제품들과 예전 제품의 아카이브를 함께 진열해서 판매하고 있다는 것을 발견할 수 있어요.

이러한 생산자에 대한 가치 존중은 매장에 진열된 제품 곳곳에서 발견할 수 있습니다. 텍스타일의 원단을 판매하는 것도 한 예입니다. 일반적으로 S/S와 A/W라는 연간 두 번 찾아오는 각 시즌에 맞춰 생산한 것들이라도 원단 판매를 통해 커튼이나 쿠션 커버 그리고 의자 커버처럼 시즌을 타지 않고 계속 소비될 수 있는 환경을 만들어서 장인들과 지속적인 관계를 구축한다고 해요. 이는 자투리천을 모아서 제작한 piece, 시리즈를 보면서도 느낄 수 있습니다.

매장을 둘러본 후 식재료를 판매하는 마켓 공간으로 향합니다. 미나 페르호넨의 직원들이 대부분의 제품들을 직접 먹어 보고 그중 추천하고 싶은 제품들을 소개하는 코너예요. 일본 전국에 있는 신뢰할 수 있는 식재료 생산자가 정성껏 만들어서 소비자가 안심하며 먹을 수 있는 제품을 직거래로 사입해서 판매하는 곳이라고 합니다. 특히 이 중에서도 오카야마현岡山県에 있는 요시다목장吉田牧場의 우유 이야기가 인상적이었어요. call 직원의 설명에 의하면 이곳의 소는 방목이 기본이라고 합니다. 젖이 나올 때

©Masahiro Sanbe

가 되어서 우유를 짜야 되는 상황이 되면 저녁에 소가 알아서 우유를 짜는 곳으로 찾아온다고 해요. 그래서 이 목장에서는 편안한 자유로운 환경에서 키우고 있기 때문에 젖소를 찍은 사진을 보면 눈이 반짝반짝 빛나고 있다고 합니다.

카페로 향하기 전에 다시 한번 매장을 둘러봅니다. 하나 흥미로운 사실은 매장 안에서 근무를 하는 직원들의 연령대가 다양하다는 점이었어요. 마켓을 둘러볼 때도 유리벽 뒤에 있는 복도 공간을 연세 지긋하신 스태프가 청소용 롤러를 돌리면서 천천히 지나가는 모습이 눈에 들어왔습니다. 뭐랄까요, 그 모습이 굉장히 매장 전체에 편안함과 여유를 가져다주는 것 같았습니다.

『츠루토하나つるとはな』의 잡지 표지를 보면 하나같이 연배가 있는 어르신들이 자신의 분야에서 활약하고 있는 사진으로 담겨 있습니다. 그래서인지 이곳에 낸 미나 페르호넨의 구직 광고는 call이라는 가게가 2016년에 오픈해서 스태프들을 모집하는데 몸과 마음이 건강하시다면 나이를 불문하고 환영한다는 내용이었다고 합니다. 이는 미나 페르호넨의 디자이너인 미나가와 아키라皆川明 씨의 생각이 바탕이 되었다고 합니다. 미래의 경제 활동을 할 수 있는 인구가 점차 줄어들고 있는 시대임에도 구직 공고를 보면

60세까지의 연령 제한을 두는 경우가 많은 것을 보면서 이는 모순된 것이 아닐까라는 생각을 했고, call에서 뭔가 새로운 근무 환경을 제안할 수 있다면 하는 마음으로 시도한 것으로 그 결과 20대부터 최고 연장자가 84세까지 응모를 했다고 합니다.

세상에는 다양한 존재가 있고 그들의 조화로움으로 보다 나은 미래로 나아간다고 생각합니다. 그런 의미에서 70-80대의 인생의 선배와 일하면 젊은 세대에게는 아직 발견되지 않은 연륜과 풍요로운 사고 방식이 공유될 거예요. 반면에 귀가 잘 들리지 않는다거나, PC 조작에 어려움을 느낀다거나, 재고 찾고 꺼내는 것이 힘든 부분도 있을 겁니다. 그렇기 때문에 현실적으로 젊은 세대의 스태프와 공존하면서 근무하지 않으면 성립되지 않는 부분도 있다고 해요. 그런 시행착오를 오픈 이후 계속 경험하면서 보다 나은 방향으로 나아가려고 하고 있다고 합니다.

현재 call에서 근무하는 스태프 중 최고 연령이 86세라고 해요. 오바타 시게코小畑滋子 할머니인데 최근에는 책도 발매되었습니다. 생활 속에서 좋아하는 것을 계속 하면서 영위하는 삶의 즐거움에 대한 이야기예요. 세월이 흐르고 육체적인 나이가 들면서 불가능해지는 것은 스스

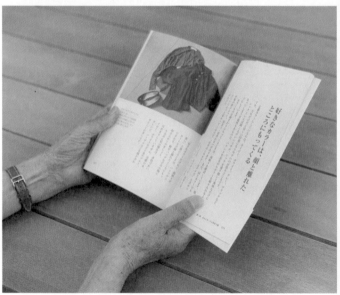

로도 알고 있지만 그것을 무조건 비관하는 것이 아니라 있는 그대로 받아들이고 젊은 세대들에게 도움을 받는 부분에 있어서는 감사하는 마음을 가지면서 함께 근무하는 긍정적인 삶의 마음가짐은 우리 모두가 배워야 할 부분이 아닐까 하는 생각도 들었어요.

발걸음을 카페 공간으로 옮깁니다. 18석의 아담한 실내 공간과 아오야마 풍경이 펼쳐지는 테라스 공간이 함께 있습니다. 가끔 지인의 인스타그램에서 보였던 멋진 아오야마 풍경이 바로 이곳 테라스에서 찍은 사진이었어요. 기본적으로 오모테산도와 아오야마 권역은 관광객들의 공간이기 때문에 일상생활 속에서 들를 수 있는 편안한 식당을 찾기가 거의 불가능합니다. 항상 사람이 붐비거나 가격이 비싸거나 뭔가 특별한 날에 먹는 메뉴와 같은 요소가 들어 있는 가게들이 대부분이거든요. 그런 의미에서 call에 있는 카페는 이 주변에서 생활 속에서 편안하게 들러서 식사를 할 수 있는 소중한 공간이기도 합니다.

이곳 call의 음악은 헤이든북스의 하야시타 씨가 담당하고 있어요. 원래 네즈미술관 근처에 있던 헤이든북스를 미나가와 아키라 씨가 원고 집필이나 미팅으로 자주 찾았다고 해요. 그 때

공간 안에 흐르고 있던 음악이 마음에 들어서 미나 페르호넨의 각 공간에 선곡을 부탁하게 된 것이 그 시작이었다고 합니다. 요청 사항도 굉장히 심플했다고 해요. '헤이든북스의 음악을 그대로!'가 유일한 요청 사항이었다고 합니다. 매월 30곡 정도로 만들어지는 선곡은 매장과 카페 그리고 테라스에 이르기까지 탁 트인 분위기에 어울리는 약간은 밝고 두근거리고 리듬감이 있는 음악들로 구성되어 있습니다. 또한 스태프 중에 70-80대의 연령대도 있어서 그 세대의 스태프들에게 익숙한 오래전 영화나 뮤지컬 음악을 포함해 카페와 매장을 자주 찾는 20대 세대도 익숙한 곡들을 믹스해서 선곡하고 있다고 합니다.

미나 페르호넨은 생활 속에서의 기분 좋은 것들이나, 마음이 풍요로워지는 것들, 그리고 다음 시대에도 계승되었으면 하는 것들을 제안하고 있습니다. 따라서 사용하고 버리는 개념이 아닌 오랜 시간 동안 소중히 사용한다는 개념의 제품들이 그 중심을 이루고 있어요. 이는 미나 페르호넨을 이용하는 고객들도 공유하는 감각이 아닐까 합니다. 도쿄도현대미술관에서 열린 전시 '츠즈쿠'를 보면서 가장 인상에 남았던 곳은 실제 미나 페르호넨의 제품을 구입해서 입고 물려받고 보관하고 있는 옷들을 전시한 공간이

©Manami Takahashi

었어요. '이 옷은 아이들 입학식때 입은 옷으로 볼 때마다 그 때의 따스한 기억이 떠오른다' 같은 이야기가 담긴 옷들이 하나의 작품으로 전시되어 있었습니다.

이렇듯 일상생활 속에서 삶의 질을 윤택하게 하기 위해 뭔가를 만들고 이를 누군가가 자신만의 기준으로 수집하고 주변 사람들과 함께 나누면서 다음 세대에게 물려주는 생활 용품이 바로 민예가 아닐까 하는 생각을 한 적이 있습니다. 지금도 그 생각에 대한 큰 틀은 변함이 없어요. 그리고 call 은 이런 민예적인 요소들이 가득 담겨 있는 곳이라는 생각을 했습니다. 급변하는 유행을 만들어 내고 따라가는 아오야마라는 지역의 가게들에는 어딘지 모르게 날카로운 감각이 담겨 있는데, 그에 반해 이곳 call은 좋은 의미로 그런 날카로운 감각을 찾아볼 수 없습니다. 오히려 안심할 수 있는 평온한 분위기가 담겨 있어요. 그런 의미에서 저에게는 아오야마에서 자주 들를 수 있는 귀중한 존재입니다.

에필로그

2021년의 새해였던 것 같습니다. 헤이든북스 하야시타 씨에게서 신년 인사 연락이 왔어요. 그리고 그 속에는 2020년 12월 31일 저녁에 찍은 오모테산도의 거리 사진이 함께 담겨 있었습니다. 그 해 봄이 찾아올 무렵 펜데믹이 선언되었고 도쿄로 갈 수 있는 길이 막히게 되었습니다. 그동안 경험해 본 적이 없던 단절의 시간, 그리고 그 시간이 9개월여 흐른 시점의 오모테산도의 풍경에는 자동차도 사람도 거의 찾아볼 수 없었습니다. 항상 도로는 자동차로 가득하고 주변 보도에는 쇼핑을 즐기는 사람들로 가득했던 공간이었던 사실을 이 사진을 본 순간만큼은 의심할 정도였어요. 진공 상태의 도시가 있다면 이런 느낌이겠지요. 뭔가 도쿄의 일상 풍경 하나가 사라진 기분이었습니다. '언제 다시 이 일상의 풍경이 다시 돌아올 수 있을까, 그리고 그 풍경 속에서 내가 다시 활보할 수 있을까' 하는 생각도 들었어요.

그런 일상이 사라지고 한참이 시간이 흐른 2022년 가을에 접어들면서 다시 도쿄를 자유롭게 오고 갈 수 있게 되었습니다. 이 글을 쓰는 시점에서 가장 최근 정보인 일본정부관광국JNTO이 발표한 2023년 2월 추계치 일본 방문 해외 관광객 통계를 보면 세계에서 가장 많이 일본을

찾고 있는 국가가 바로 한국이라고 합니다. 펜데믹 직전의 같은 시기인 2019년 2월 기준과 비교했을 때 80% 수준까지 회복되었다는 사실도 알 수 있습니다. 한동안 마주할 수 없었던 저마다의 도쿄의 일상과 추억을 다시 만나기 위해 많은 사람들이 한국에서 도쿄행 비행기를 타지 않았을까 해요. 이 책은 그 많은 저마다의 도쿄의 일상 중에 한 사람의 일상을 소개하고 있습니다.

도쿄에 가면 꼭 한 번 들르는 곳이 있습니다. 센다가야千駄ヶ谷에 있는 커피스탠드인 '비어 굿 네이버 커피 키오스크BE A GOOD NEIGHBOR COFFEE KIOSK'입니다. 오래전 동네의 담배 가게로 사용되었던 곳을 리뉴얼한 커피 스탠드에요. 입구 앞의 보도에는 'A NEW DAY STARTS HERE'라는 글이 적힌 입간판이 항상 세워져 있어요. 그 글의 의미처럼 일상생활 속에서 잠시 쉬고 싶을 때 이곳에 들러서 커피를 마시면서 재충전하고 새로운 일상을 향해 나아가는 준비를 했습니다. 그러고 보면 자유롭게 도쿄를 방문할 수 없었던 시기가 계속되면서 오랫동안 이런 감정도 잊고 지냈지 않았나 싶습니다. 이제 재충전의 시간은 충분히 가졌으니 이곳에서 새로운 도쿄의 일상을 향해 출발하려고 합니다.